Hans Constabel

Hol nieder Flagge

Ereignisse um ein Standgericht

Herausgegeben vom Deutschen Schiffahrtsmuseum

Redaktion: Ursula Feldkamp, M. A., Dr. Siegfried Stölting
Umschlaggestaltung: Peter Albers
Druck und Bindung: Druckerei Ditzen GmbH & Co. KG, Bremerhaven
ISBN 3-934613-20-9

Hans Constabel

Hol nieder Flagge

Ereignisse um ein Standgericht

Bearbeitet und herausgegeben
von Siegfried Stölting

CONVENT VERLAG

Über den Autor

Hans Constabel wurde 1923 in Meldorf in Holstein geboren. Seinen Geburtsort verließ er 1941 mit dem Kriegsabitur, um als Seeoffiziersanwärter in die Kriegsmarine einzutreten. Im Dezember 1944 wurde er, nach dem Miterleben der Invasion und einem untergeordneten Kommando auf dem für Kriegszwecke zum Minensuchboot umgebauten Fischdampfer OSTFRIESLAND (M 4626), aus der „Festung Kanalinseln" ausgeflogen. Der 21jährige Leutnant zur See übernahm im Januar 1945 in Wesermünde als Kommandant ein Minenräumboot. In dieser Eigenschaft erlebte er die hier geschilderten Ereignisse.

Nach der Haft in einem britischen Militärgefängnis machte Hans Constabel einen Sonderkurs, an dessen Ende er ein reguläres Abitur bestand. Ab Ende 1948 begann er seine Laufbahn in der Handelsschiffahrt als Leichtmatrose, vor allem bei der „Hamburg-Süd", und machte 1955 die Prüfung zum Kapitän auf Großer Fahrt.

Um mehr Zeit für seine Familie zu haben, übernahm er 1958 eine Tätigkeit an Land, als Ausbildungsoffizier der Seemannsschule in Hamburg. 1959 trat er in die Bundeswehr ein. An seinem letzten Dienstort, in Bremerhaven, wohnt der Fregattenkapitän a. D. heute.

Während seines Ruhestandes ist Hans Constabel ehrenamtlich für die Deutsche Gesellschaft zur Rettung Schiffbrüchiger tätig. Daneben veröffentlichte er verschiedene Beiträge zu Marinethemen. Die Erlebnisse aus „Hol nieder Flagge" hat er mehrfach vorgetragen und diskutiert, unter anderem auch im Heimatfunk von Radio Bremen.

Geleitwort

Kaum noch zu zählen sind die vielfältigen Publikationen zur Geschichte der deutschen Kriegs- und Handelsmarinen im Zweiten Weltkrieg: Memoiren von Befehlshabern schildern die Führungsprobleme aus deren jeweiliger Sicht; Erlebnisberichte von Kommandanten und Seeleuten lassen die Atmosphäre an Bord von großen Schiffen, Hilfskreuzern, U-Booten und kleineren Fahrzeugen wieder lebendig werden; Werke von Kriegsberichtern, die auf solchen Einheiten mitfuhren, wurden teilweise sogar zu Weltbestsellern. Daneben lassen Quellen-Editionen und wissenschaftlich-historische Untersuchungen kaum einen Aspekt des Geschehens aus – mit einer bedeutenden Ausnahme:

Es gibt, sieht man von publikumswirksamen Aufbereitungen in den Medien ab, keine sorgfältig recherchierten Schilderungen der oft dramatischen Geschehnisse an Bord von Schiffen oder Booten während der Tage des Zusammenbruchs und der Kapitulation im Mai 1945. Für die Historiker ist diese Zeit wegen des weitgehenden Fehlens von schriftlichen Quellen sehr viel schwerer darzustellen als frühere Perioden, bei denen man auf einer breiten Basis erhaltener Akten aufbauen kann. Für die Akteure auf den verschiedenen Ebenen mag es aus unterschiedlichen Gründen nahegelegen haben, diese Tage aus der Erinnerung zu verdrängen.

Um so verdienstvoller ist es deshalb, daß nun ein damals 21 Jahre junger Leutnant, der sich als Kommandant eines Minenräumbootes plötzlich in eine Situation versetzt sah, in der ihm Entscheidungen abverlangt wurden, auf die ihn niemand vorbereitet hatte, seine Erlebnisse niedergeschrieben hat, nachdem er sich in langen Gesprächen und ausführlichem Schriftwechsel mit den überlebenden Untergebenen, Kameraden und Vorgesetzten vergewissert hatte, daß seine Erinnerung die Vorgänge vor mehr als 40 Jahren zutreffend wiedergab.

Er hat dabei nicht nur seine eigenen Gedanken und sein eigenes Handeln offen und ohne Beschönigung dargestellt, sondern auch das Umfeld wiedergegeben, in dem er sich zu bewegen hatte. Er hat sich bemüht, die unterschiedliche Herkunft, die Auffassungen und die Gefühlswelt der rund 30 meist 18 bis 22 Jahre alten Männer seiner Besatzung zu erfassen, aber auch die Probleme zu schildern, denen er sich nach gut dreijähriger Ausbildung und Fronteinsatz auf einem als Minensucher hergerichteten Fischdampfer im

Gebiet der Kanalinseln gegenübersah, als es darum ging, sein Ende Januar 1945 in Dienst gestelltes neues Boot einsatzbereit zu machen und in die neu aufgestellte Flottille zu integrieren.

Nach manchen Schwierigkeiten einschließlich einer Havarie und ohne intensivere Boots- oder Verbandsausbildung wurde das R-Boot mit seiner Flottille im April 1945 in die östliche Ostsee verlegt und geriet hier in die mehr improvisierten als geplanten und oft chaotischen Operationen zur Evakuierung der von der vordringenden Roten Armee auf engstem Raum zusammengedrängten Flüchtlingsmassen und zersprengten Truppenteile an der Danziger Bucht.

Aus der Rückschau betrachtet war es sicher kein Wunder, daß die niederschmetternden Eindrücke dieser Tage bei den meist erstmalig im Fronteinsatz stehenden jungen Männern der Besatzung ganz unterschiedliche Reaktionen auslösten, die ihr Handeln in den Stunden und Tagen nach der Ankündigung zuerst der Teilkapitulation und dann der bevorstehenden Gesamt-Kapitulation bestimmten. Vor diesem Hintergrund hat es der Verfasser verstanden, Motivationen sowohl der „Meuterer“ als auch der sich weiterer „Pflichterfüllung“ verpflichtet fühlenden Angehörigen der Besatzung treffend zu schildern und vorurteilslos zu zeigen, worum es den in dem Standgerichtsverfahren Agierenden ging.

So ist ein packendes und zugleich nüchtern reflektiertes Bild einer R-Boot-Besatzung und der Bedingungen ihres Handelns in dieser Zeit zwischen härtestem Kriegseinsatz, Waffenruhe und Kapitulation entstanden, das helfen mag, eine durch bewußte oder unbewußte Verdrängung in unserem Wissen entstandene Lücke zu schließen.

Prof. Dr. Jürgen Rohwer
Präses des Arbeitskreises für Wehrforschung

Vorwort

Am späten Abend des 7. Mai 1945: Seit fast drei Tagen hat das Deutsche Reich im Westen kapituliert, und es ist bekanntgeworden, daß in gut 24 Stunden auch im Osten Waffenruhe herrschen wird. Auf der hell beleuchteten Back des Torpedobootes – keine Stunde Marschfahrt von Kopenhagen entfernt – stehen zwei Besatzungsmitglieder eines deutschen Minenräumbootes. Sie wurden der Meuterei beschuldigt. Darauf steht die Todesstrafe! Vor jedem von ihnen ein bewaffneter Posten. Man hat eilig ein Standgericht zusammengerufen und das Erschießungskommando steht bereit. Kaum einer der Anwesenden rechnet noch damit, daß die Angeklagten mit dem Leben davonkommen werden!

Das ist die Situation, welche ich seinerzeit an verantwortlicher Stelle miterlebte und die mich bis heute nicht losgelassen hat!

Wie kam es dazu? Welche Entscheidung wurde schließlich durch die Mitglieder des Standgerichts getroffen? Und was passierte danach?

Durch Ausschöpfen aller verfügbaren Quellen und persönliche oder schriftliche Befragung vieler (inzwischen teilweise verstorbener) Beteiligter habe ich in jahrelanger Kleinarbeit die mir seinerzeit größtenteils unbekannten Zusammenhänge geklärt, sowie eine kritisch-selbstkritische Antwort gesucht auf die Frage nach dem Warum. Dabei war ich darum bemüht, mich in die Gefühlswelt und in die Lage der Beteiligten hineinzuversetzen sowie (unter Auswertung aller Zeugenaussagen) die Begebenheiten auf der Basis meiner eigenen Erlebnisse und Erfahrungen wieder zum Leben zu erwecken.

Was allerdings die Pläne der Meuterer, den Grad ihrer Entschlossenheit und die Frage nach weiteren nichtentlarvten Mitwissern anbetrifft, so blieb mir nur die Möglichkeit, mit Hilfe aller gewonnenen Erkenntnisse den Versuch zu unternehmen, moglichst nah an die Wahrheit heranzukommen. Meine diesbezüglichen Schilderungen sind also reine, wenn auch gutfundierte Vermutungen.

Dieser Bericht ist weder von der Dimension her, noch was die Motivation anbetrifft, dazu angetan, dem Marinetrauma von der November-Revolution 1918 neue Nahrung zu verschaffen. Hier werden Belastungen und Konfliktsituationen erkennbar, welche alle Beteiligten in jenem verschwommenen Grenzbereich zwischen Teilkapitulation und Gesamtkapitulation durchstehen mußten, um die letzte, große und unumstritten ehrenhafte Aufgabe des

Krieges, die Rettung Hunderttausender von Flüchtlingen und Soldaten zu meistern! Daß dabei Situationen der geschilderten Art vorprogrammiert waren, liegt auf der Hand. Waren es doch überwiegend junge Menschen in den verschiedensten Verantwortungsbereichen, mit sehr unterschiedlichen Temperamenten und Motivationen, die mit der beschriebenen Lage konfrontiert wurden!

Ich meine, daß es nach bald einem halben Jahrhundert an der Zeit ist, sich, bezogen auf dieses Thema, an tatsächlichen Begebenheiten zu orientieren! So gesehen, erhielt ich durch die einen ähnlichen Fall schildernde Erzählung „Ein Kriegsende" von Siegfried Lenz den entscheidenden Impuls zur Veröffentlichung meiner Recherchen und Aufzeichnungen.

Es war nicht beabsichtigt, im Rahmen dieses Berichtes über Recht oder Unrecht, Irrtümer und Fehler zu urteilen. Sich darüber Gedanken zu machen, überlasse ich dem Leser! Schon jetzt glaube ich zu wissen, daß die Antworten auf diese Frage so unterschiedlich ausfallen werden, wie es der Zahl der charakterisierten Hauptpersonen entspricht. Denn alle hatten aus ihrer jeweiligen Sicht ernstzunehmende Gründe für ihr damaliges Verhalten. Ich hoffe, daß es mir gelungen ist, dies in einprägsamer, ehrlicher Weise darzustellen, und ich meine, daß es lohnenswert ist, ohne Selbstherrlichkeit oder Voreingenommenheit über die Geschehnisse nachzudenken und zu diskutieren. Wenn unsere in Frieden und Wohlstand aufgewachsenen Nachkommen Schwierigkeiten haben, derartige Ereignisse, Verhaltensweisen und Ansichten nachzuvollziehen, so ist dies verständlich und einem aufrichtigen Meinungsaustausch nur dienlich.

Mein Dank gilt den vielen Kameraden und Institutionen, welche mich durch ihre Zeugenaussagen oder mit Rat und Tat unterstützten, sowie denjenigen, die mir immer wieder Mut gemacht haben, wenn ich schon aufgeben wollte!

Zu letzteren ist auch meine Frau Erika zu zählen, welche die vielen Jahre meiner diesbezüglichen Vergangenheitsbewältigung mit mir geteilt und durchlitten hat.

Die Namen einzelner, am Rande der Geschehnisse Beteiligter, habe ich frei gewählt, die der zwei Meuterer willkürlich geändert.

R 414, 2. Räumbootflottille

Das neue Boot, die neue Räumboot-Flotille

20. Januar 1945:

Ein naßkalter Wintertag an der norddeutschen Küste und weseraufwärts, in Lemwerder, gegenüber von Bremen-Vegesack. Am Pier der Werft Abeking & Rasmussen liegt ein soeben im Auftrag der Kriegsmarine fertiggestellter Neubau – das Minenräumboot R 414. Etwa 40 Meter lang und knapp 6 Meter breit. Bis an die Zähne bewaffnet: insgesamt 7 Rohre!

Auf dem Achterdeck sind sie angetreten, um von dieser neuesten Errungenschaft des Krieges Besitz zu ergreifen, die etwa 30 Mann der zukünftigen Besatzung. Sie stammen aus allen Teilen des Reiches: Schleswig-Holsteiner, Bayern, Ostpreußen, Rheinländer. Auch drei Soldaten aus den besetzten polnischen Gebieten sind darunter. Man hat bei ihnen irgendeine „germanische Urgroßmutter“ entdeckt, sie dann eingedeutscht und prompt zum Wehrdienst einberufen. Ihre Kameraden nennen sie hinter der vorgehaltenen Hand „Beutegermanen“. Alle angehenden Besatzungsmitglieder sind blühend

Zwei Minenräumboote der im August 1944 aufgelösten „alten" 2. R-Flottille (Kennzeichen: Dreizack)

jung. Durchweg so zwischen 18 und 22 Jahre alt. „Senior“ unter ihnen ist der Obermaschinist Haack: Er zählt schon 29 Jahre! Von den verschiedensten Kommandos hat man sie zusammengekratzt. Für etliche unter ihnen ist es das erste „Frontkommando“, und es befinden sich nur ein paar unter ihnen, die bereits vorher auf einem Minenräumboot gedient haben. Ich, der 21jährige Kommandant, bin gerade aus der eingeschlossenen „Festung Kanalinseln“ herausgeflogen worden, für einen neuen „Fronteinsatz“. Die Invasion habe ich auf einem zum Minensuchboot umfunktionierten ehemaligen Fischdampfer miterlebt. Aber selbst dort hatte ich als frischgebackener Leutnant zur See nur in seltenen Fällen die Gelegenheit, von der Kommandobrücke aus unter Aufsicht ein Schiff zu führen. Doch in der Theorie kenne ich mich ganz gut damit aus . . . So gehe ich denn mit Zuversicht und wohl auch mit ein wenig Stolz an meine neue Aufgabe heran. Ein Vertreter der Werft richtet ein paar Worte an uns, wünscht „Allzeit gute Fahrt und viel Erfolg im Kampf um die Freiheit unseres Vaterlandes“, übergibt mir zur Erinnerung ein Bild. Dann befehle ich in althergebrachter Weise: „Oberdeck stillgestanden! Front zur Flagge! Heiß Flagge!“ Unter dem Trillern einer Bootsmannsmaatenpfeife steigt die Reichskriegsflagge an unserem Mast empor. Damit ist das Minenräumboot R 414 offiziell in Dienst gestellt worden. Am Abend veranstalten wir in der nahegelegenen, gemütlichen „Gaststätte Schiphorst“ eine kleine Indienststellungsfeier. Sogar alkoholische Getränke der verschiedensten Art haben wir dafür noch auftreiben können: von der Werft, vom Wirt und durch die mit List und Tücke herbeigezauberte Genehmigung einer besonderen „Proviantration“.

Da sitzen wir nun das erste Mal alle beisammen, wir Marinesoldaten, die die nächsten dramatischen Monate gemeinsam auf engstem Raum verbringen werden auf „unserem Räumboot“. In einträchtiger Gemeinsamkeit singen wir laut und zackig unsere Lieder: „Wir lagen vor Madagaskar und hatten die Pest an Bord . . .“ und dann: „Auf einem Seemannsgrab, da blühen keine Rosen, auf einem Seemannsgrab, da wächst kein Blümelein. Der einz'ge Schmuck („für uns“), das sind die weißen Möwen und heiße Tränen, die ein kleines Madel weint.“ „Kameraden, jetzt werdet nur nicht melancholisch“, ruft einer. „Können wir denn nicht mal was Lustiges singen?“ Und schnell ist der Hauch von Nachdenklichkeit verflogen, der bei diesem oder jenem gerade seinen Einzug zu halten drohte. Ein paar rufen „Bravo“ und klatschen Beifall. „Wer kennt das tolle Lied von Honolulu und dem Mädchen mit dem Feigenblatt?“ wirft Maat Michard ein. Und kaum hat er dieses Stichwort gegeben, da dröhnt es durch den Saal: „Ich ging einmal spazieren, um mich zu amüsieren, da seh' ich in der Ferne ein Mädchen steh'n . . ." Jetzt ist der Bann endgültig gebrochen! Es wird lauter und lauter, die Stimmung steigt!

Und etliche Mädels haben sich auch eingefunden: Flak-Helferinnen, Marinehelferinnen, aber auch solche, die noch nicht „zu den Waffen gerufen worden sind". „Allmählich solltet Ihr Euch auch mal was anderes einfallen lassen", stichelt die hübsche Ingrid. „Könntet uns ruhig mal zum Tanz auffordern!" Als hätten sie längst auf dieses Stichwort gewartet, haben die alten Wirtsleute das Grammophon in Betrieb genommen und den Lautsprecher auf „AK" gestellt. In flotten, durch häufiges Knacken unterbrochenen Rhythmen entlockt das Gerät der recht zerkratzten Schallplatte einen Tango. „O Manuela", so klingt es. In Windeseile sind Tische und Stühle zusammengerückt worden. Die ersten Pärchen drehen sich eng umschlungen auf der improvisierten Tanzfläche, flüstern sich hier und da ein paar verheißungsvolle Nettigkeiten ins Ohr, singen mit. Wer weiß, was morgen ist?!

„Leinen los! Beide Maschinen langsame Fahrt voraus!" Unser Boot setzt sich in Bewegung. Ein Winken zum Abschied. Dann verlieren wir die Werft im Dunst aus den Augen. Irgendwo auf der Weser erproben wir unsere Geschwindigkeit, und als ich schließlich voller Erwartung den Befehl gebe „Beide Maschinen AK voraus", donnern die Dieselmotoren, vibriert unser kleines Boot in allen Verbänden! „Wir laufen ja über 24 Seemeilen in der Stunde", stellen wir jubelnd fest. Fast wie ein Schnellboot und schneller, als es uns nach den Werftunterlagen zuzutrauen wäre!

Die Silhouette von Wesermünde wird sichtbar. Ich schaue durch mein Fernglas hinüber. Ein beklemmendes Gefühl: Überall ragen die Ruinen der zerbombten Häuser hinter den Deichkuppen hervor. Unser Funker, Obergefreiter Kober, meldet sich auf der Brücke. Überreicht mir einen Funkspruch. Ruft erstaunt aus: „Was, soweit sind wir schon?" Dann wendet er sich an mich: „Wäre es vielleicht möglich, daß ich mal kurz durch Ihr Glas schaue?" „Na klar, Sie wollen wohl sehen, ob Ihre neue Flamme schon an der Einfahrt auf uns wartet?" „Aber nein doch! – Sehen Sie die Kirche dort hinten, etwas rechts neben dem roten Giebel? Da war ich vor wenigen Monaten zum Aufräumdienst eingesetzt, nach dem großen Bombenangriff vom 18. September! Wir mußten die verstümmelten und verkohlten Leichen einsammeln. Es war einfach furchtbar, Herr Leutnant! Damit wir überhaupt durchhielten, gab man uns Schnaps. Trotzdem haben viele von uns schlappgemacht! Bei über 40 Einsargungen mußte ich mitwirken. Manchmal waren es nur Körperteile, die wir fanden. Hoffentlich kommen die Tommys nicht wieder nach

Wesermünde! Ich möchte das nie, nie wieder erleben!“ Um ihn und wohl auch mich selbst zu beruhigen, wende ich ein: „Ich glaube kaum, daß dieser Hafen denen noch ein lohnendes Ziel bietet – da ist ja sowieso schon alles kaputt!“

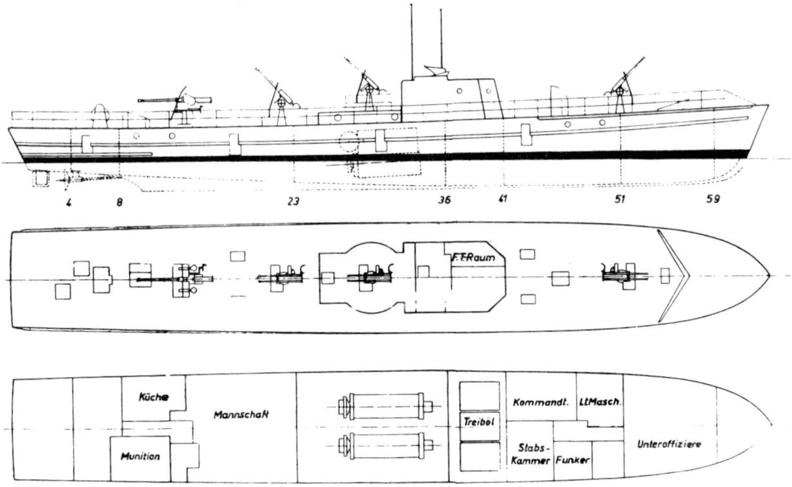

Boote der 2. Räumbootflottille (neu, Typ R 401), Länge = 39,35 m, Breite = 5,72 m, Tiefgang = 1,50 m, Verdrängung (voll) = 144,87 t, Geschwindigkeit (620 Umdr.) = 22 sm/h, Brennstoffvorrat = 15 t, Maschinenanlage: 2 Dieselmotoren RS 143 Su mit Aufladung, zus. 2500 PS
Bewaffnung: eine 3,7-cm-Flak, sechs 2-cm-Flak (3× Doppel), zwei 8,6 RAg M 42, zusätzlich: vier MG 34 in Doppelhalterungen

Die erste kleinere Bewährungsprobe ist gekommen: Wir laufen mit unserem neuen Boot in die Kaiserschleuse ein. In der Einfahrt herrscht eine starke Strömung – das Schiff giert hin und her. Schweißgebadet kurbelt Schonvogel, der Rudergänger, mal nach Backbord, mal nach Steuerbord. Vorn und achtern stehen die Seeleute – klar zum Festmachen. „Beide Maschinen stopp! . . . Backbord-Maschine langsame Fahrt zurück!“ befehle ich in hastig aufeinanderfolgenden Kommandos. Aber bis die Maschine anspringt, haben wir die Kaimauer bereits erreicht. Gerade noch rechtzeitig können die Soldaten mehrere Fender zwischen Schiff und Kaimauer hängen. Man hört ein lautes Knarren und Quietschen . . . Fast hätte es schon bei diesem ersten Anlegemanöver Kleinholz gegeben! Nach Beendigung der Angstpartie höre ich, wie unser „Schmarting“, der Obermaat Gau, seinem Kameraden Michard zuruft: „Der kann vielleicht mit einem Kinderwagen auf dem Bürgersteig manövrieren, aber vom Räumbootfahren hat er keine Ahnung!" Recht hat er ja eigentlich, denke ich. Werde noch sehr viel dazulernen müssen!

In Wesermünde (jetzt Bremerhaven genannt) wird ein neuer Verband zusammengestellt, die 2. Räumboot-Flottille. Acht Boote sind dafür insgesamt vorgesehen. Unser R 414 ist das dritte. Die anderen fünf sollen in den nächsten Wochen fertig werden. Führer des Verbandes wird der 28jährige Kapitänleutnant Merks, ein erfahrener, mutiger Räumbootfahrer, der wegen seiner militärischen Verdienste mit dem „Deutschen Kreuz in Gold" ausgezeichnet worden ist.

Meine Besatzung ist auf Deck angetreten, Anzug „Erste Garnitur" (Ausgeh-Uniform). Unser Boot blitzt und blinkt! Zu beiden Seiten des Vorstevens prangt das Flottillenwappen, ein weißer Dreizack. An der Kommandobrücke leuchtet unser taktisches Zeichen, ein gelbes Pik-As. Ein langer und ein kurzer Pfiff mit der Batteriepfeife: „Front nach Steuerbord", befehle ich mit aufgeregt-lauter Kommandostimme. Ich begebe mich von Bord, mache meinem Flottillenchef Meldung. Dann, während Obermaat Gau auf das Kommando „Seite" gekonnt seiner Bootsmannspfeife die obligatorischen Trillertöne entlockt, begibt sich Kapitänleutnant Merks über die Stelling an Bord. Mehrere Stunden lang begutachtet er den Neubau, führt Gespräche mit der Besatzung, kriecht in meiner Begleitung in den entlegensten Ecken und Winkeln herum. Einige Mängel und Verbesserungsmöglichkeiten werden festgestellt: „Da wird die Werft noch einiges tun müssen!" Der Mann gefällt mir, von dem werde ich noch vieles lernen können, denke ich. Und was mich bei dieser Gelegenheit mit besonderer Genugtuung erfüllt: Mein Flottillenchef hat sich alles in allem positiv geäußert über Boot und Besatzung!

Zu tun gibt es für uns alle an Bord genug während der ersten Wochen nach der Indienststellung. Daß dabei auch einige Pannen und Havarien zu verzeichnen sind – nicht nur auf unserem Boot –, versteht sich von selbst.

So nach und nach kommen wir uns auch menschlich näher, feiern schon mal ein wenig, wenn sich die Möglichkeit dazu bietet. Da Obermaschinist Haack, als gebürtiger Wesermünder, über die allerbesten Beziehungen verfügt, sind wir, was das leibliche Wohl anbetrifft, für damalige Verhältnisse besonders gut versorgt. In unserer Kombüse duftet es gegen Mittag so verlockend wie in einer erstklassigen Hotelküche. Man muß schon sagen: Unser Smutje versteht sein Handwerk! Doch gerade da liegt das Problem, denn je besser das Essen, um so mehr wird gegessen! Und unsere Männer haben einen Bärenhunger, sie müssen den ganzen Tag schwer arbeiten! Aber für Beschwerden jeder Art gibt es bei uns an Bord ein bewährtes Ventil, den sogenannten „Decksältesten". Während ich also eines Vormittags mal wieder in den umfangreichen Marineschriftverkehr vertieft bin, klopft es an meine Kammertür. Es meldet sich unser „E-Mixer", der Maschinen-Hauptgefreite Karl-Heinz Müller: „Herr Leutnant, etliche Kameraden haben sich darüber beschwert, daß sie nicht richtig satt werden. Wenn sie einen Nachschlag haben möchten, dann ist meistens nichts mehr da!" Obermaschinist Haack und der Koch werden gerufen. Gemeinsam besprechen wir das Problem, suchen nach Ursachen und Lösungen. Gar nicht so leicht, denn die Verpflegung ist rationiert. Doch unser Obermaschinist sieht immerhin eine Möglichkeit, auf Schleichwegen mehr Kartoffeln zu beschaffen, die sättigen! Im übrigen kann ich mit einem nicht nur verlockenden Trost aufwarten: „Kameraden, wenn wir beim Kampfeinsatz erst den „G-Verpflegungssatz mit Zulage" bekommen, dann wird alles wesentlich besser werden! Hier – sehen Sie sich das an – allein an Fleisch sind es 66 Gramm mehr!"

Obergefreiter Spaja heiratet. Er hat seine Braut in Bremen kennengelernt und ist jetzt Vaterschaftsaspirant. „Wer weiß, wann und ob wir überhaupt vor dem freudigen Ereignis zurückkommen", sagt er. Obermaschinist Haack und ich sind die Trauzeugen im Wesermünder Standesamt. Anschließend begeben wir uns gemeinsam wieder an Bord, während die ganze Besatzung Spalier bildet. Das frischvermählte Paar speist mit in der Kommandantenkammer, wird von den Kameraden fürstlich bedient.

Fast sieht es so aus, als wollte der Krieg unser Boot nicht mehr haben: Wir kommen in stockdunkler Nacht von Wilhelmshaven zurück, völlig abgeblendet wegen der ständigen Feindfliegerbedrohung. Da unser Kompaß noch immer nicht in Ordnung ist, haben wir einen Lotsen an Bord – einen Marinelotsen. Der kennt die Gewässer wie seine eigene Westentasche! Ziemlich hohe Fahrt laufen wir. Voraus brennt, nur sehr schwach auszumachen, ein Leitfeuer. „Wir erwarten mehrere entgegenkommende Fahrzeuge", meint der Lotse. „Wollen uns vorsichtshalber gut an der Kante halten, damit es keinen Bums gibt."

Aber dann bumst es tatsächlich! Das Schiff wird plötzlich hart gebremst, legt sich auf die Seite, bleibt liegen. Gegenstände fliegen durch die Luft, einige von uns fallen hin. Auch ich kann mich nur mit großer Mühe festhalten.

Grundberührung! „Beide Maschinen stopp!" Dann Totenstille. Da liegen wir nun, keine halbe Stunde von unserem Liegeplatz entfernt! „Könnt Ihr Idioten denn nicht besser aufpassen", ruft Obermaschinist Haack. Er wollte sich gerade landfein machen, mal für ein paar Stunden bei seiner Familie vorbeischeren.

„Verdammte Sauerei! So ein Mist!“ stößt er erregt hervor, als er auf der Kommandobrücke erscheint. Die Wassertiefe wird ausgelotet, rund um unser Boot. Schließlich stellen wir fest: Das Wasser ist schon etwas gestiegen. Die Flut kommt. Wollen es mal versuchen. Dann mein Befehl: „Beide Maschinen kleine Fahrt zurück!“ Unsere Maschinen laufen . . . und laufen . . .und laufen! Das Boot? Es bewegt sich nicht von der Stelle! Was das dollste ist: Maschinenmaat Perthel meldet, daß die Wellen sich fleißig drehen! Aber wir erkennen kein Schraubenwasser! Zum Kotzen! Ein gerade weseraufwärts fahrender Dampfer nimmt uns längsseits, schleppt uns nach Wesermünde. Am nächsten Morgen, wir schreiben den 4. Februar, werden wir mit Schlepperhilfe zur Werft bugsiert, zu Tecklenborgs Slip. Während unser Boot vorsichtig hochgehievt wird, kommt das Unterwasserschiff langsam zum Vorschein. Wie gebannt starren wir unter das Heck: Alle Schraubenflügel sind abgebrochen und ein Ruder ist weg! „So eine gottverdammte Scheiße!“ bricht es aus mir heraus. Aber jetzt ist es eben passiert. Es folgen Meldungen, Besichtigungen, Havarieskizzen und viele Verhandlungen. Und das Ergebnis: „Die Grundberührung war auf eine Verlagerung der Sände zurückzufüh-

Lfd. Nr.	Datum 1945	Uhrzeit	Namen der Fahrzeuge einkommende:	Namen der Fahrzeuge ausgehende:	Bemerkungen über Art der Fahrzeuge und evtl. Beschädigungen der Bauwerke	Lfd. Nr. der Schleusungen
			Die **rot** unterstrichenen Fahrzeuge sind in der Zeit von 18 Uhr bis 5.59 Uhr durch die Schleuse gefahren			
11055	4/2	9 10	Specht		Marine	3
6	"	"	R 414		"	.
11846	23/2	15^{00}	R. 412		Marine	5
11861	24/2	9^{30}		R 414	Marine	6
11880	24/2	16^{05}		R 412	Marine	9
12324	9/3	11^{35}	R 415		"	8
12351	9/3	17^{30}	R 417		"	
12487	13/3	14^{45}		R 417	"	7
12566	15/3	15^{00}		R 415	"	8

Auszug aus dem Schiffstagebuch der Fischereihafen-Doppelschleuse mit einigen „Visitenkarten“ von Booten der neuen „2. Räumbootsflottille“

ren. Insofern trifft weder den Lotsen eine Schuld, noch ist dem Kommandanten etwas vorzuwerfen."

Mit deutscher Gründlichkeit wird unser Boot in Tag- und Nachtarbeit repariert. Schließlich, nach nahezu drei Wochen, kehren wir wieder an unseren alten Liegeplatz zurück, wo uns mehrere der anderen, inzwischen fertiggestellten Flottillen-Neubauten Gesellschaft leisten.

Neue Leute haben sich an Bord gemeldet: der Stabsarzt Dr. Kühl, der Oberfähnrich zur See Wettermacher und der Oberfähnrich Ing. Dahlhaus. Jetzt ist beim besten Willen kein Platz mehr auf unserem Dampfer. Wir zählen 35 Mann! Auf jeden Fall ist es gut, daß Obermaschinist Haack und ich einen Vertreter bekommen haben – so eine Art rechte Hand. Und was den Doktor anbetrifft, wird es sicher nicht von Schaden sein, daß er bei uns ist.

19. März und folgende Tage: Wir sitzen in der engen Kommandantenkammer unseres R-Bootes. Gläser stehen auf der Back. Diverse, irgendwie herbeigezauberte alkoholische Getränke wurden bereits verkonsumiert. Soeben haben wir unser angeregtes Gespräch unterbrochen, lauschen über Bordlautsprecher dem Wehrmachtsbericht. Nachdenklich schweigend vernehmen wir: „Vormarsch der Russen in Oberschlesien. – Tapfere Verteidigung von Breslau. – Kämpfe um den amerikanischen Brückenkopf in Remagen."

Und schließlich weiter: „In der Doppelschlacht an der Danziger Bucht setzte der Feind seinen Großangriff gegen den West- und Südwestteil des Verteidigungsgürtels um Gotenhafen und Danzig sowie gegen die Südfront mit insgesamt 10 Armeen fort. Unsere tapferen Divisionen verteidigen jeden Fußbreit Boden, führten immer wieder entschlossene Gegenstöße und verhinderten den erstrebten Durchbruch der Sowjets ohne wesentlichen Geländeverlust. Seestreitkräfte griffen mit guter Wirkung in die Kämpfe westlich Gotenhafen und südwestlich Königsberg ein . . ."

„Ich denke, das dürfte für heute reichen", stelle ich achselzuckend fest. Dann drehe ich den Lautsprecher einfach ab. Nun meldet sich unser Doktor: „Ich kann überhaupt nicht begreifen, weshalb im Westen noch so hart gekämpft wird. Was meinen Sie, wieviel Blut allein der Kampf um die Remagen-Brücke noch kostet! Dabei sollten wir doch eigentlich heilfroh sein, daß die Amis kommen! Wenn schon Besatzungstruppen, dann amerikanische oder englische, meine ich! Oder hätten Sie vielleicht lieber die Iwans am Rhein? Aber weshalb wollen wir uns darüber noch groß die Köpfe zerbrechen? Unser Herr Führer und Oberster Befehlshaber wird schon alles richtig machen!" Oberfähnrich Dahlhaus ist innerlich erregt. Ihm steigt die Röte zu

Kopf. Schließlich kann er nicht mehr an sich halten: „Ich meine, Sie gehen mit Ihren Äußerungen entschieden zu weit“, ruft er jetzt dem Doktor zu. „Das hört sich ja so an, als ob Sie den Krieg bereits verlorengegeben hätten! Was meinen Sie wohl, was passieren wird, wenn Ihre defätistischen Auslassungen den richtigen Stellen zu Ohren gelangen? Das kostet Sie glatt die Rübe, kann ich Ihnen sagen! Haben Sie denn neulich nichts gehört von der Hinrichtung dieses Rostocker Regierungsrates, der in aller Öffentlichkeit gesagt hatte, der Führer müsse zurücktreten, denn siegen könnten wir ja nicht mehr?“ Darauf der schlanke, dunkelhaarige Doktor Kühl: „Wissen Sie, erstens sind wir hier nicht in der Öffentlichkeit, sondern unter Kameraden, und zweitens habe ich doch ausdrücklich betont: Unser Führer wird es schon richtig machen! Ich weiß also gar nicht, weshalb Sie so sehr um mein Wohlergehen besorgt sind!“ Der 24jährige Oberfähnrich Wettermacher, Reservist und Meteorologe, hat bisher ruhig abwartend zugehört. Aber der aufmerksame Beobachter kann erkennen, daß er bestätigend in sich hineinlächelt, während er die Worte des Stabsarztes vernimmt. Und wie reagiere ich, der Kommandant? Ich fühle mich in diesem Moment sehr verunsichert! Noch vor wenigen Wochen hatte ich von den eingeschlossenen Kanalinseln aus einen Brief an meine Eltern geschrieben, worin ich unter anderem äußerte: „Der Krieg muß zu unseren Gunsten entschieden werden, denn im anderen Falle würde das Leben sinnlos werden.“ Nach Rückkehr in die Heimat ist es mir dann zum ersten Male wie Schuppen von den Augen gefallen! Ganz langsam keimt in meinem Innersten der Gedanke, daß ich als begeisterter Marine-HJ-Führer vielleicht doch manchen Illusionen nachgelaufen bin, und daß nicht unbedingt alles gut und richtig sein muß, was ich bisher so bedingungslos verherrlicht habe. Aber sind unsere Feinde denn besser? Und lügen sie tatsächlich alle: der Führer, der Goebbels und die übrigen Verantwortlichen des Reiches, wenn sie ständig von den kommenden Wunderwaffen reden und vom kurz bevorstehenden Gegenschlag? Die wahre Antwort auf diese Frage habe ich noch nicht gefunden, und mein jetziger, neuer Verantwortungsbereich als Kommandant läßt mir auch keine Zeit, danach zu suchen. Unsere Diskussion wird unterbrochen. Ein Soldat vom Führerboot meldet sich an Bord: „Herr Leutnant, Sie möchten sofort zum Flottillenchef kommen!“ Ich verlasse unser Boot.

Währenddessen beginnen sich bei den anderen die Gemüter langsam zu beruhigen. Beim Herausgehen murmelt der Doktor vor sich hin: „Ich verstehe überhaupt nicht, weshalb wir uns so aufregen, meine Herren! Verlockend sind sie doch alle nicht, unsere Zukunftsaussichten! Wir haben die freie Auswahl zwischen Seemannsgrab, Gefangenschaft für eine längere Zeit oder

Hinrichtung! Aber bis dahin, so meine ich, sollten wir erst mal leben! Was mich betrifft, so werde ich mir jedenfalls mit meiner Natascha einen schlauen Abend machen! Habe die Ehre!" Und auch die anderen regen sich ab, machen einen Landbummel durch die Ruinenstadt Wesermünde, wo es so viele nette junge Mädchen gibt!

Besprechung auf der „Stabsarche"! Zum ersten Mal sind wir alle beisammen, die Verantwortlichen der neuen Flottille: Der Flottillenchef, der „Flo-Ing." (Flottilleningenieur), der „VO" (Verwaltungsoffizier), der „Sperrwaffenoffizier" (Minen- und Minenräumspezialist), Stabsarzt Dr. Kühl und acht Kommandanten. Vier der letzteren sind richtige alte „Räumboothasen". Sie haben an der Atlantikküste und im Mittelmeer lange ihren Mann gestanden, tragen das Eiserne Kreuz I. Klasse. Einer, Leutnant zur See Westerhoff, ist Reservist, Elblotse im Zivilberuf. Wir übrigen verfügen bisher über geringe oder, wie ich, über gar keine Räumbooterfahrungen. „Aber Sie werden sehen, daß auch Sie recht schnell in Ihren neuen Aufgabenbereich hineinwachsen", hat der Chef soeben festgestellt. „Aller Anfang ist natürlich schwer. Das ist uns auch so gegangen. – Na, dann berichten Sie mal", wendet er sich schließlich an Obersteuermann Simon, den Führerboot-Kommandanten. „Jawohl, Herr Kaleu! Also, als ich gestern nacht von Schlicktown (Wilhelmshaven) kommend abgeblendet die Weser rauflief, wurden wir von einem Viermotorigen angeflogen, der war wohl bei dem Großangriff auf Berlin dabeigewesen. Flog ziemlich niedrig. Hatte anscheinend schon woanders was abbekommen. Als die Flak ihn so richtig im Scheinwerfer hatte, gab ich Feuerbefehl! Und unsere Jungen haben gut getroffen, denn der Ami stürzte brennend ins Watt. Das ist alles, Herr Kaleu." „Nun seien Sie man nicht zu bescheiden, mein Lieber", meint jetzt der Chef. „Ich muß feststellen, daß alle ihre Sache gut gemacht haben! Der Bruder kann jedenfalls keine Bomben mehr auf unsere Städte werfen!"

Schließlich, nach der Bekanntgabe diverser Durchhaltebefehle und Erörterung der wichtigsten Verbandsformationen, holt Kapitänleutnant Merks ein dickes Bündel von Schriftstücken aus seiner Aktentasche hervor. „Und jetzt, meine Kameraden, haben wir noch eine sehr bedeutungsvolle Entscheidung zu treffen! Sie alle kennen doch den Befehl, daß jede Flottille einen „NSFO" (Nationalsozialistischer Führungsoffizier) haben muß. Mehrere Mahnschreiben sind mir deswegen bereits auf den Tisch geflattert, und es wird nun wirklich allerhöchste Zeit, daß ich diesen Papierkram hier an den richtigen Mann bringe! Wer von Ihnen ist Parteimitglied? Wer meldet sich freiwillig?"

So ein Mittelding zwischen Raunen und Gelächter geht durch die Reihen.

Fast hat man den Eindruck, als wollte jeder sich hinter dem Rücken seines Nachbarn verstecken. Eisiges Schweigen! Keine Hand hebt sich. „ Wie ich feststellen muß, üben Sie sich in Bescheidenheit. Eigentlich sind wir doch alle von der Idee durchdrungen, möchte ich meinen. Deshalb will ich Ihnen jetzt einen Vorschlag machen! Im Moment scheint mir unser Doktor am allerwenigsten ausgelastet zu sein. Daran wird sich erst etwas ändern, wenn die „blauen Bohnen" fliegen. Hier, Stabsarzt Kühl, nehmen Sie das hier! Und dann wünschen wir Ihnen frohes Schaffen!" Rundherum schallendes Gelächter. Da hat er aber den Bock zum Gärtner gemacht, denke ich, in Erinnerung an die Diskussion in meiner Kommandantenkammer. „Am besten sollten Sie gleich morgen mit dem ersten Schulungsabend beginnen", stichelt der FLO-Ing. „Und vergessen Sie dann bitte nicht, zum besseren Verständnis genügend Alkoholitäten bereitzustellen. Sie haben doch genug von dem Zeug in Ihrer Apotheke."

„Das wär's denn für heute, meine Herren." Mit diesen Worten löst unser Flottillenchef schließlich die Zusammenkunft auf.

Beim Admiral Östliche Ostsee

Durch das unaufhaltsame Vordringen der sowjetischen Truppen sind auf die deutsche Kriegsmarine neue Aufgaben in kaum vorstellbaren Dimensionen zugekommen. Die Ostsee hat als einzig verbliebene Transportstraße für Nachschub in der einen Richtung und für Flüchtlinge und Verwundete mit Kurs Westen eine entscheidende Bedeutung erlangt. Für die Absicherung dieser umfangreichen Seetransportbewegungen ist die Dienststelle des Kommandierenden Admirals Östliche Ostsee verantwortlich. Zunächst von Libau aus. Dann, ab Anfang Februar 1945, wird eine Verlegung nach Gotenhafen erforderlich. Zahlreiche Verluste von Kriegs- und Handelsschiffen sowie die unmittelbare Feindnähe stellen die Stabsangehörigen vor schier unlösbare Probleme. Sie kommen Tag und Nacht nicht zur Ruhe, und obendrein werden sie noch bei der Wahrnehmung dieser Rettungsaufgaben durch die Russen behindert: zuerst durch Flugzeugangriffe, dann auch noch durch Artilleriebeschuß! Der Kommandierende Admiral Burchardi hat einen Herzinfarkt erlitten, ist schwerkrank. Alle Verantwortung ruht jetzt auf den Schultern seines Chefs des Stabes! Dieser, der bravouröse 37jährige Fregattenkapitän Forstmann, ist ein ausgesprochener „Macher!"

Gerade jetzt führt er in dem engen, primitiv eingerichteten Befehlsbunker eine Lagebesprechung mit dem Chef der ihm unterstellten 9. Sicherungsdivision: „Wissen Sie, von Blanc, wenn wir nicht schnellstens weitere Sicherungsfahrzeuge bekommen, dann wird der Iwan bald jeden zweiten Dampfer auf Tiefe schicken!" „Stimmt schon, was Sie sagen", lautet die Antwort. „Aber woher nehmen und nicht stehlen? Der einzige schnellere und gut bewaffnete Verband, der in absehbarer Zeit vollständig verfügbar sein könnte, wäre die neue 2. R-Flottille. Natürlich immer unter der Voraussetzung, daß der Tommy die Boote nicht schon vorher auf der Weser zur Schnecke macht. Aber soweit mir gemeldet wurde, ist R 419 als letztes Fahrzeug dieses Verbandes gerade erst vorgestern in Dienst gestellt worden. Und daß es zu Anfang nun mal wirklich nicht ohne einige Erprobungen und Reparaturen abgehen kann, wissen wir zwei ja von unserer Kommandantenzeit her am allerbesten! Auch müssen wir den wild zusammengewürfelten Besatzungen zumindest noch ein paar Wochen zum Üben einräumen, sonst ist der Verband sowieso keinen Schuß Pulver wert!"

Der Chef des Stabes wird ungeduldig, wirft ein: „Wissen Sie, wenn wir das noch berücksichtigen wollen, dann ist der ganze Zirkus längst vorbei, bevor die Boote hier überhaupt auftauchen. Wir können uns in dieser verzweifelten Situation drehen und wenden, wie wir wollen! Wir sind jetzt gezwungen, zu improvisieren! Selbst wenn nur ein Dampfer mit einigen tausend Menschen an Bord weniger versenkt werden sollte, wäre der frühzeitige Einsatz Ihrer neuen Flottille bereits gerechtfertigt!" – „Jawohl, so muß man das in unserer verfahrenen Lage wohl leider sehen", antwortet von Blanc. „Ich werde über Funk die entsprechenden Maßnahmen einleiten und außerdem mit dem nächsten, nach Westen laufenden Minensucher eine schriftliche Forderung absenden. Unsere Feldtelefone sind ja ohnehin nicht mehr funktionsfähig. Es sei denn, daß der Iwan sich am anderen Ende der Leitung meldet."

Kurs Ostsee

Kameraden, jetzt beginnt der Ernst des Lebens", ruft der Flottillenchef einige Tage später uns Kommandanten zu, nachdem er uns auf sein Führerboot befohlen hat. „Unser Typ wird verlangt, da drüben in der Ostsee. Die paar kleineren Reparaturen, die unbedingt erforderlich sind, können auch in Kiel erledigt werden. Dort in Holtenau werden die Boote auch noch mal durch die Schleife gehen, bevor wir zum Einsatzort weiterlaufen. Aber passen Sie nur auf, daß Sie nicht schon während der Hinfahrt eine neue Ramming fahren." Während Kapitänleutnant Merks diese Mahnung zum besten gibt, habe ich den Eindruck, als betrachte er mich besonders scharf.

„Wir werden heute abend nach Dunkelwerden auslaufen. Fahren erst mal bis Cuxhaven und in der darauffolgenden Nacht durch den KW-Kanal (Kaiser-Wilhelm-Kanal) bis nach Kiel. Kameraden, das wird unsere erste Fahrt im Verband! Es wäre mir wahrhaftig lieber, wenn wir das bei Tageslicht machen könnten! Aber es ist ja nicht gerade nötig, daß uns die Tommys da draußen schon gleich am ersten Tag zusammenschießen."

Nur wenige Stunden sind vergangen, da machen wir dem Chef unsere Meldungen: „Boot seeklar, Besatzung vollzählig." Bald darauf liegen wir in der Kaiserschleuse: Es geht endgültig los! Manche Träne wird vergossen beim Abschiednehmen von Ehefrauen, Verlobten, Angehörigen oder Freundinnen. Umarmungen, Küsse . . . „Wer weiß, ob wir uns wiedersehen!" Dann sind wir draußen auf der Weser. „Eine Scheiß-Sicht ist das", sage ich zu Wettermacher, dem Oberfähnrich, während wir uns gemeinsam auf der Kommandobrücke die Augen aus dem Kopf gucken. Nur mit Mühe und Not können wir vor uns die abgeblendete Hecklampe unseres Vordermannes erkennen. Und Radargeräte, die gibt es noch nicht. Nur R 417, unser Führerboot, ist mit einem störanfälligen und unzureichenden Funkmeßgerät ausgerüstet. Auf einmal passiert es: Während wir einen langsam dahinschippernden Verband von Kleinfahrzeugen schneidig überholen, verlieren wir den Vordermann aus den Augen, verwechseln ihn mit einem der überholten Pötte. Wie gut doch, daß Leutnant zur See Westerhoff, unser fast 40jähriger „Senior-Kommandant", von Zivilberuf Kapitän und Lotse ist. Er setzt sich mit seinem Boot vor den ungewollt abtrünnigen Restverband, und in Cuxhaven treffen wir schließlich mitten in der Nacht wieder zusammen, nach dieser allerersten Verbandsfahrt „unter besonders erschwerten Bedingungen". „Aller Anfang ist eben schwer", meint der Chef nach dem Festmachen. „Aber wie gesagt – Übung macht den Meister!"

Wir fahren weiter, durch den Nord-Ostsee-Kanal! Doch das nächste Hindernis liegt schon für uns bereit: Kurz hinter der Grünthaler Hochbrücke müssen wir stoppen und am Ufer an den Pfählen festmachen. Was ist passiert? Englische Flugzeuge haben zu unserer Begrüßung ein paar Minen in den Kanal hineingekleckert, die müssen nun erst mal durch kleinere Spezialboote weggeräumt werden.

Endlich laufen wir, mit einiger Verspätung, in Kiel ein. Wie sich die Bilder doch gleichen! Auch hier überall Ruinen, Zerstörungen und Fliegeralarm! In beißendem, künstlichen Nebel rauschen wir hinaus auf die Kieler Förde. Er soll den Feindflugzeugen die Sicht erschweren. Aber die haben doch Radargeräte, können alles erkennen wie auf einer Landkarte!

Von Kiel geht es weiter nach Travemünde. „So, Leute, hier ist noch die einzige Möglichkeit für die allerletzten Reparaturen und für ein paar Übungsfahrten, bevor der Zauber losgeht." Und dann beginnt der Drill, gleich vorne in der Lübecker Bucht! Minenräumübungen, Verbandsfahren und auch ein paar Schießübungen, 8 Schuß pro Rohr. Es dröhnt in den Ohren, riecht nach Pulver. „Wie soll das erst werden, wenn wir mit allen Geschützen gleichzeitig losballern", meint Wilhelm Meister, der Matrosengefreite. Er ist 18 Jahre alt. Unser Boot ist sein erstes Bordkommando. „Ja, ja, warte nur ab. Du wirst schon sehen, wie schnell Du die Schnauze vollkriegst", ruft sein etwas älterer Kamerad Paul ihm zu, während er die leeren Geschoßhülsen einsammelt.

WILHELM BAUER vor und nach dem Angriff in Travemünde

„Lange wird das jetzt ja wohl nicht mehr dauern, bis wir mitten in dem Dreck drinstecken!"

Und früher als wir es ahnen, kriegen wir schon zwei Tage darauf den ersten Vorgeschmack, während wir im Travemünder Hafen liegen: Wie aus heiterem Himmel bricht es in der Dunkelheit über den Ort herein, am Abend des 8. April 1945! Es sind englische Kampfflugzeuge – Mosquitos! Alarm und laut brummender Flugzeuglärm fast gleichzeitig. Geschützbellen rundherum, Bomben, Feuer! „Nichts wie auslaufen", ruft Oberfähnrich Dahlhaus mir laut zu, dann hastet er in die Maschine. Kaum lassen wir uns Zeit, die Leinen loszuwerfen, laufen mit hoher Fahrtstufe aus dem Hafen mit Kurs Reede, wo wir uns wehren können, kein so geschlossenes Ziel bieten. Rundherum die anderen Boote unserer Flottille. Und dort, wo wir gerade eben noch gelegen haben, rauscht hinter uns ein Bombenteppich ins Wasser. Es ist wie ein Wunder, daß wir in diesem Durcheinander und ohne Positionslaternen nicht miteinander kollidieren. Allerdings: Beinahe-Zusammenstöße gibt es mehrere! Immer noch greifen die Briten an. Das Feuer hinter uns lodert heller und heller. Munition fliegt mit einem Feuerball und lautem Getöse in die Luft! Doch dann, mit einem Schlage, ist der Spuk vorbei. So schnell, wie er begann. Wir laufen wieder ein. „Nun sehen Sie sich das an", ruft Oberfähnrich Wettermacher mir zu. „Die WILHELM BAUER hat es erwischt!" Und in der Tat: Das große U-Boot-Begleitschiff liegt brennend

und sinkend am Pier. Durch unser Nachtfernglas erkennen wir, daß viele Hilfskräfte dabei sind, zu retten und zu helfen. „So ein verfluchter Mist“, ruft Obermaat Gau. „Und keinen von den Burschen haben wir heruntergeholt!“ Es währt lange, bis sich unsere Gemüter nach diesem ersten, gemeinsam erlebten Donnerschlag beruhigt haben. WILHELM BAUER lag nicht weit von unserem Liegeplatz entfernt. Nur so um die 200 Meter Luftlinie.

Als Heinz Kober, unser Funker, schließlich wieder in das Mannschaftsdeck hinuntersteigt, vernimmt er das leise Gemurmel einer Unterhaltung. Ganz instinktiv faßt er einige Gesprächsfetzen auf, kann aber absolut nichts verstehen. Schließlich schaltet er: Die sprechen ja gar nicht Deutsch! Nein, sie unterhalten sich in polnischer Sprache! „Die haben doch mit Sicherheit irgendwelche Geheimnisse miteinander“, denkt er. „Sie möchten verhindern, daß wir anderen sie verstehen.“ Und so ist es in der Tat! Einer von den dreien hat vor wenigen Tagen mit Hilfe seines Mädchens die Gelegenheit gehabt, eine Sendung des Londoner Rundfunks in polnischer Sprache zu hören. Da ist unter anderem davon die Rede gewesen, daß ihr Land nun bald wieder ganz frei sein wird, und daß sie dann wieder einen eigenen, demokratischen Staat bekommen werden. Und eine richtige polnische Exilarmee gibt es auch schon! „Wißt Ihr, die anderen sollen ruhig in die Gefangenschaft wandern, wir kommen auf jeden Fall gleich wieder nach Hause“, ruft Zaja. „Ist doch schließlich nicht unsere Schuld, daß die Deutschen uns einfach eingezogen haben. Deshalb bleiben wir immer noch Polen! Am liebsten möchte ich gleich hier aussteigen, bevor wir auch noch so eine Bombe auf den Kopf kriegen!" „Und wenn sie Dich erwischen, dann stellen sie Dich gleich an die Wand", wendet einer ein. „Und draußen, auf See, was sollen wir denn da machen? Wenn wir nicht zurückballern, dann machen uns die Tommys oder demnächst die Russen fertig. Wir sitzen hier ganz schön in der Mausefalle! So ein verdammter Saukram!" Heinz Kober kann es sich nicht verkneifen zu sagen: „Ihr könnt doch auch deutsch sprechen! Warum müßt Ihr denn dauernd polnisch quasseln?" Die kleine Versammlung löst sich erst langsam auf, nachdem einige, die schon hundemüde in der Koje liegen, laut gerufen haben: „Nun haltet aber endlich mal Eure Schnauze, Ihr Spinner. Bei Eurem Gequassel kann ja keine Sau pennen!" Jetzt ist es still geworden auf unserem Boot. Nur noch das Brummen der Lichtmaschine und die Schritte unseres Oberdeck-Postens sind zu vernehmen. Der Schlaf fordert sein Recht.

Verlegung der Stäbe

Unter ständigem Beschuß durch die massiv angreifenden Russen mußten die Stäbe des Admirals Östliche Ostsee und der 9. Sicherungsdivision in allerletzter Minute nach Hela verlegt werden. Währenddessen hat sich der Gesundheitszustand des Kommandierenden Admirals nach einem weiteren, lebensbedrohenden Herzinfarkt zusehends verschlechtert. Er ist außerstande, seine Aufgaben noch weiter wahrzunehmen, bedarf intensiver, ständiger ärztlicher Hilfe. „Wir können solchen Zustand in diesen kritischen Wochen nicht mehr länger verantworten", stellt Fregattenkapitän Forstmann, der Chef des Stabes, fest. „Gerade jetzt müssen wir jederzeit voll einsatz- und entscheidungsfähig sein!" – Er beauftragt einen seiner Stabsoffiziere, von der Insel Rügen aus zu versuchen, die zuständige Personalabteilung telefonisch über die schwere Erkrankung des Admirals zu unterrichten und dringend einen Nachfolger anzufordern!

Die Begrüßung in der „Hölle von Hela“

Es geht los! Man braucht die neuen Boote der 2. R-Flottille! Die Zeit der Reparaturen, des Übens und der Erprobung ist vorbei! Wir verlassen in Kiellinie Travemünde. Laufen noch kurz in Swinemünde ein, um Material zu übernehmen. Sonst kriegen es nämlich die Russen, denn die sind nicht mehr weit! „Ist hier ja schon ein böses Durcheinander“, meint Doktor Kühl. Weiter geht unsere Fahrt vorbei am brennenden Kolberg. Wir können die hoch in den Himmel steigenden Rauchwolken anpeilen und haben auf diese Weise ein zusätzliches Hilfsmittel zur Bestimmung unseres Schiffsortes. Schließlich gelangen wir dorthin, wo man uns dringend erwartet: nach Hela-Reede.

Dort ankern wir mit unseren acht Booten, halten dabei aber genügend Abstand voneinander. Rundherum Schiffswracks. Es ist windstill. Ganz klares Wasser. Wir stehen zu dritt an der Reling, schauen auf den Meeresgrund. Da, ein gefallener Soldat! Hat seinen Stahlhelm noch auf dem Kopf. Muß auch noch andere Ausrüstungsgegenstände an seinem Körper tragen, denn sonst wäre er wohl aufgetrieben. Die Konturen sind verschwommen, durch die leichte Bewegung des Wassers, durch die Spiegelung. „Ob wir ihm wohl bald Gesellschaft leisten müssen, da unten“, denke ich. Dann blitzt es auf, ganz in der Nähe von Oxhöft. Kurz danach: Eine hohe Wasserfontäne, einige hundert Meter entfernt. Das Aufblitzen wiederholt sich. Wir stellen mit bösen Vorahnungen fest, daß die Granateinschläge sich von Mal zu Mal immer näher an unser Boot herantasten. Unser fronterfahrener Obermaschinist Haack ist ein Spaßvogel, selbst in dieser, nicht gerade als lustig zu bezeichnenden Situation! Vor ihm liegt ein Kanister, leer. In der Hand hält er zwei Kochlöffel – er war gerade in der Kombüse, zur Kontrolle. Jedesmal, wenn es drüben in Oxhöft aufblitzt, beginnt er mit seinen Hilfsmitteln einen lauten Trommelwirbel zu erzeugen. Solange, bis der Einschlag sich mit einem krachenden Rums ganz in der Nähe zu erkennen gibt. Immer dichter liegen sie bei uns, die Wasserfontänen! Wenn wir hierbleiben, dann wird dieser Ankunftstag gleichzeitig unser Versenkungstag sein, beginnen wir zu begreifen. Und zurückschießen können wir nicht. Soweit reichen unsere Geschütze nicht. Wir gehen ankerauf, verholen an einen Platz, wo wir mehr unter Land liegen, damit die Iwans uns nicht so genau einpeilen können. Und in der Tat! Jetzt haben wir erst mal Ruhe! „Das war wohl die Begrüßung,

Kapitänleutnant Hans Joachim Merks, Flottillenchef, 28 Jahre (links oben)
Leutnant z. See Hans Constabel, Kommandant R 414, 21 Jahre (rechts oben)
Obermaschinist Erwin Haack, 29 Jahre (links unten)
Oberfähnrich (Ing.) (hier Fähnrich) Julius Dahlhaus, 21 Jahre (rechts unten)

Obermaat (hier Maat) Werner Gau („Schmarting"), 22 Jahre (links oben)
Obergefreiter Heinz Kober, Funker (rechts oben)
Maschinen-Hauptgefreiter Karl Heinz Müller, „Decksältester", 22 Jahre (links unten)
Leutnant z. See d. Reserve Leo Westerhoff (Seelotse), 39 Jahre, Kommandant R 413 (rechts unten)

gewissermaßen zur Eröffnung des neuen Programms," meint Doktor Kühl mit Galgenhumor. „Ich wollte gerade meine Arzttasche heraufholen – für alle Fälle. . ."

Wir hören Motorgeräusche, monoton brummend, aus der Sonne kommend. Auf der Halbinsel Hela schießt unsere Flak, wir vernehmen es deutlich: „A l a r m". Unsere Alarmglocken schrillen erbarmungslos durch das Boot: „Di Di Daaa Dit. . . Di Di Daaa Dit", so tönt es (Morsebuchstabe „F" = Fliegeralarm). „F l i e g e r - A l a r m !" Unsere Männer hasten die Niedergänge hoch, hin zu den Geschützen, wo die Kameraden von der Wache schon in Bereitschaft sind. In Sekundenschnelle geschieht dies alles. Wir setzen unsere Stahlhelme auf, tragen Schwimmwesten. Munitionsnachschub wird in Windeseile herangeschleppt, und jeder weiß, was er, schon aus reinem Selbsterhaltungstrieb, in dieser Situation tun muß!

Am Himmel weiße Wölkchen – von den vielen krepierenden Flugabwehrgranaten. Und dann kommen sie heran: mehrere Wellen von Flugzeugen! Näher und näher! An den Tragflächen einiger Maschinen blitzt es auf, während sie auf unsere Boote zukommen. Bordwaffen! „Dammich dammich, dem Hund dem schießt", schreit Olschewski, unser Matrose. „F e u e r f r e i !" Wir ballern aus allen sieben Rohren! Leuchtspurgarben eilen den Angreifern von unseren Booten entgegen! Sperrfeuer! Die müßten doch eigentlich längst getroffen sein, müßten herunterpurzeln! Aber die Russen fliegen, als würde sie dies alles überhaupt nicht kratzen. Unsere Ohren sind wie taub von der Ballerei. Da – eine Maschine zieht eine Rauchfahne hinter sich her. Wurde anscheinend getroffen. Aber die vielen anderen? Sie kommen immer näher! Klinken ihre Bombenlast aus, nicht sehr weit entfernt. Wir sehen die Dinger heruntertorkeln – sogar ohne Fernglas! Wasserfontänen rundherum, verbunden mit lauten Detonationen! Die Spritzer erreichen unser Boot. Unwillkürlich ziehe ich meinen Kopf ein – als ob das etwas hilft. Auf einmal wird es ruhiger. Die Geschütze verstummen. Der Flugzeuglärm verebbt in der Ferne. „Nun schaut Euch das an: Fische, jede Menge Fische!" ruft Werner Gau, unser Schmarting. Da treiben sie! Nicht zu Dutzenden, nein, zu Hunderten! Die Bombendetonationen haben ihnen die Schwimmblasen zerrissen. „S c h l a u c h b o o t e k l a r !" Unsere Besatzung bringt sie zu Wasser, bewaffnet sich mit Pützen, Schaufeln! Sie kommen sich vor wie die Petrijünger bei ihrem großen Fischzug. Und dann: Nichts wie ab in die Kombüse! „Wie hättet Ihr sie denn gerne?" meint Lehmann, unser Smut. „Gebraten oder gekocht? Wenn Ihr allerdings lieber saure Heringe futtern möchtet, dann müßt Ihr Euch noch etwas gedulden!" Und erst mal werden alle verfügbaren Hände gebraucht, zum Ausnehmen. Ja, der Koch versteht sein Handwerk. Könnte gut und gerne in einem Nobelhotel arbeiten. Und seinen positiven Einfluß auf die Stimmung bei uns an Bord sollte man nicht unterschätzen!

GOYA gesunken

16./17. April 1945:

Stockdunkle Nacht! Wieder einmal sind wir im Einsatz, mit unseren acht Booten der 2. R-Flottille. Wir räumen Minen vor Fischhausen. Wie es hieß, sollen an dieser Stelle Kreuzer und Zerstörer eingesetzt werden, zur Unterstützung der schwer bedrängten Heeresverbände. Wir schauen zum Festland hin. Dort wird geschossen. Leuchtspurmunition fliegt hinüber und herüber, erleuchtet den Ort des Geschehens auf eine unheimliche Art und Weise. Und dann sehen wir noch Massen von anderen Feuerkugeln, die uns bisher unbekannt waren. Ganz dicht hintereinander! „Das müssen diese verfluchten Stalin-Orgeln sein“, meint einer von uns. „Die armen Schweine,“ stößt Lehmann hervor, als er gerade eine Kanne voll Wachhaltekaffee auf die Brücke bringt. Dann ein Signalspruch. Ein Befehl: „Minenräumgeräte sofort einholen! Danach in Kiellinie formieren!“ Fieberhaft arbeiten unsere Jungen! Jeder, der irgendwie abkömmlich ist, packt mit an! Es ist nicht einfach, den ganzen Gerätekram wieder an Deck zu hieven, ohne jede Beleuchtung. Und gefährlich ist es obendrein. Sollen schon mehrere Leute durch detonierende Sprenggreifer ins Jenseits befördert worden sein. Aber alles geht gut! Die Scherdrachen liegen wieder an Deck, Obermaat Gau meldet nach oben: „Gerät ist eingeholt!“

In Höchstfahrt brausen wir mit unserer Flottille los, Kurs Westen! Was ist denn passiert? Ein großer deutscher Transportdampfer wurde torpediert! Ist gesunken! Die GOYA! Viele Menschen waren an Bord, fast 7000! Endlich nähert sich unser Verband der Unglücksstelle. Die Boote nehmen eine weit auseinandergezogene Suchformation ein. Wir halten angespannt Ausguck, mit allen überhaupt verfügbaren Gläsern. Langsam ist es inzwischen hell geworden.

Wir erkennen Wrackteile, steuern darauf zu. Als wir endlich näherkommen, stößt Maat Michard einen lauten Ruf aus: „Schwimmwesten! Gelbe Schwimmwesten!“ Wir alle können sie jetzt sehen. Darin Köpfe, die mit der Bewegung der Wellen hin und her schwanken. Ob die schon alle tot sind? Wir fahren ganz dicht heran. Eine Leiter wird an der Bordwand befestigt. Alle packen mit an. Ziehen einen herauf. Können den leblosen Körper kaum halten. Schließlich liegt er an Deck. Stabsarzt Kühl macht den Oberkörper des Opfers frei. Untersucht lange. Schüttelt schließlich den Kopf. Wir können es alle sehen. „Nichts zu machen – tot“, sagt unser Doktor. Überall treiben die Toten! Wir können auch diesen nicht an Bord behalten. Nur seine Erkennungsmarke und die Papiere nehmen wir ihm ab, für eine spätere Benachrichtigung seiner Angehörigen. Dann übergeben wir ihn der See – schweigend. Er treibt wieder bei den anderen. „Oh – Du mein Gott“, kommt es mir über die Lippen. Doch die Suche muß weitergehen, immer weiter. Wir versuchen es noch mit anderen im Wasser treibenden Opfern, aber die Enttäuschung ist immer dieselbe. Während sich dies alles abspielt, müssen wir ständig auf der Hut sein vor russischen Unterseebooten und ihren Torpedos, auch vor russischen Flugzeugen, für die wir in dieser Situation nur zu leicht eine willkommene Beute werden könnten!

Ein lauter Ruf läßt uns Hoffnung schöpfen: Ganz aufgeregt klingt es: „Ein Schlauchboot!“ Mit höchster Fahrtstufe laufen wir darauf zu! Wir entdecken Menschen! Mehrere Menschen! Einer von ihnen scheint die Hand ein wenig zu erheben. Will zeigen, daß sie noch am Leben sind. Vorsichtig fahren wir ganz dicht heran. Jetzt liegt das Schlauchboot direkt längsseits. Schonvogel wirft eine Wurfleine hinüber. Aber die Schiffbrüchigen sind bewegungsunfähig – können sie nicht fassen.

Dann ist es geschafft! Mit vereinten Kräften gelingt es, sie zu unserem Boot heraufzuziehen. Einer davon rutscht ab, gleitet seinen Helfern aus den Händen! Stößt einen Schrei des Entsetzens aus! Versinkt in den Fluten! Soviel wir auch suchen – wir finden ihn nicht wieder. Ein dringender Signalspruch wird vom Führerboot aufgenommen: „Suche abbrechen!“ Sie meinen, daß es keinen Sinn mehr hat. Aber Doktor Kühl protestiert: „Es gibt noch eine Chance!“ meint er. Aufgeregt hastet er auf die Brücke. Ergreift selbst die Signalflaggen. Übermittelt persönlich einen Winkspruch an den Flottillenchef, als Fachmann in Sachen „Ärztliche Möglichkeiten!“ Die Suche geht weiter! Nur eine Handvoll Menschen können wir mit unserem Boot retten. Soldaten, eine Frau und auch ein Kind – ein Mädchen. Auch den anderen Booten unserer Flottille gelingt es, noch einige Überlebende der GOYA zu retten. Später wird sich herausstellen, daß fast alle siebentausend Menschen mit in die Tiefe gerissen worden sind bei dieser größten Schiffskatastrophe der Weltgeschichte.

Unser Oberfähnrich Dahlhaus stößt einen Freudenschrei aus! Sein Freund aus Walsum befindet sich unter den Geretteten. Gerade haben sie diesem die durchnäßte Heeresuniform ausgezogen, ihn in wärmende Wolldecken eingewickelt. „Nie wieder werde ich mit einem so großen, vollgepfropften Schiff mitfahren", flüstert der Gerettete mit matter Stimme. Er steht noch völlig unter der Schockwirkung seiner schrecklichen Erlebnisse. Oberfähnrich Dahlhaus kommt zu mir: „Da müssen wir doch was machen. Ihn einfach als Besatzungsmitglied übernehmen. In Matrosenuniform stecken. Seine Einheit existiert sowieso nicht mehr, und auf Hela herrscht ohnehin ein heilloses Durcheinander. Da lagen doch vorgestern die Leichen in den Dünen herum!" Wir überlegen, welche Möglichkeiten es gibt, finden schließlich auch einen quasi offiziellen Weg, in Absprache mit dem Flottillenchef. Von da an hat unser Boot ein Besatzungsmitglied mehr.

Als wir nach dieser Fahrt des Grauens spätabends wieder auf Hela-Reede vor Anker liegen, sind wir alle fertig, völlig fertig! Dies nicht nur körperlich, sondern auch seelisch. „Verfluchter Wahnsinn, dies alles! Und wie wird das weitergehen? Wann sind wir an der Reihe? Morgen? In einer Woche? Wie

Eine der letzten Aufnahmen der GOYA

lange wird es noch gehen mit diesem irrsinnigen Krieg? Und was kommt danach?"

Ich habe heute eine doppelte Ration Alkohol ausgeben lassen. Davon wird niemand von uns besoffen, aber das beruhigt ein wenig. Unser Doktor Kühl, der so viele Male nur noch den Tod feststellen konnte, geht in den Funkraum. Sagt zu dem gerade auf Wache befindlichen Hein Kober: „Stellt mir mal ein bißchen Musik ein. Etwas Klassisches!" Sie kurbeln am Empfänger. Es pfeift. Sie hören ein Gewirr von Sprachen. Und dann Musik. Beethoven! Andächtig sitzt er da, unser Stabsarzt. Versenkt sich in das Meer der Melodien. Seine Gedanken entschweben in eine andere Welt. Oberfähnrich Wettermacher kommt herein. Will die Schlüsseleinstellung vorbereiten und noch schnell einige über Funk durchgekommene Berichtigungen vornehmen. Er sieht die zwei dort sitzen, lauscht eine Weile mit. Plötzlich hört die Musik auf, und direkt danach ertönt ein Trommelwirbel: „Di Di Di Daaa, Di Di Di Daaa (V = Victory/Sieg). Hier spricht der Londoner Rundfunk", so klingt es ihnen entgegen. Die Nachrichten in deutscher Sprache folgen. „Aber Herr Stabsarzt, das dürfen wir auf keinen Fall hören! Das müssen Sie sofort abstellen", wendet Kober aufgeregt ein. „Sie kennen doch den Befehl über Feindsender!" „Ach, nun laß man gut sein", meint Doktor Kühl. „Wie Sie wissen, bin ich Nationalsozialistischer Führungsoffizier. Ich muß das natürlich rein dienstlich hören, damit wir die Lügenmeldungen der anderen Seite entlarven können! Und Ihnen will ich heute mal ausnahmsweise das Zuhören erlauben." Fast ganz Deutschland ist schon in alliierter Hand. Berlin durch die Russen angegriffen. Greueltaten wurden in den befreiten Konzentrationslagern entdeckt. Mehrere deutsche Kriegs- und Handelsschiffe wurden versenkt, darunter ein großer, voll beladener Transporter in der Ostsee, bei Rixhöft, durch russische Unterseeboote. „Verdammt noch mal – damit meinen sie doch die GOYA", sagt Wettermacher zum Doktor. „Und da die das bereits so genau wissen, dürften die übrigen Meldungen auch nicht frei erfunden sein! Wissen Sie, ganz unter uns gesagt bin ich der Meinung, daß unserem Volk dieses maßlose Elend erspart worden wäre, wenn im vorigen Jahr die Sache mit dem Attentat gegen Hitler geklappt hätte! Aber jetzt bleibt uns nichts weiter übrig, als diese Suppe gemeinsam auszulöffeln!" Beide schauen sich schweigend an, beenden dieses Gespräch ohne weitere Kommentare. Unser Funker hat die letzten Erörterungen nicht mitbekommen. Er trägt Kopfhörer, nimmt gerade einen Spruch auf.

Pistolen gegen Zigaretten

Wir müssen für einige Stunden in den Helaer Hafen einlaufen: Bunkern, Munition, Wasser und Proviant übernehmen, einige Ausrüstungsgegenstände abholen. Letztere sind in einem abseits gelegenen Schuppen gelagert. „Das könnt Ihr machen", sagt Obermaat Gau. „Hier sind die Anforderungspapiere. Hoffentlich haben die das überhaupt!" Sie stapfen los. Vorbei an den überall im Freien kampierenden Flüchtlingen, Landsern. Vorbei an Bombentrichtern und frisch aufgeworfenen Gräbern. „He, Ihr da in den Lederpäckchen! Kommt doch bestimmt von dem Schiff, das eben reingekommen ist. Habt Ihr das gut! Nachher, wenn der Iwan uns einkassiert, dann düst Ihr einfach ab, mit Kurs auf Kiel! Habt Ihr wenigstens was zu rauchen?" Ja, das haben sie, sogar mehrere Schachteln. „Hier Kumpels, die schenken wir Euch! Seid ja sowieso ganz schön beschissen dran, hier in den Dünen."

„Wißt Ihr was", sagt dankend ein Landser, „Ihr sollt auch was von mir kriegen, ganz was Feines! Wird mir langsam zu schwer und die Ruskis nehmen es mir nachher ja doch weg." Dann nimmt er seine Pistole vom Koppel, holt auch noch etwas Munition aus der Tasche und gibt alles dem

Hela – Reede

Artmanns. „Wir sind hier sowieso Versprengte. Uns fragt kein Mensch mehr nach Waffen, und Eure Zigaretten sind jetzt wichtiger für uns."

Zwei andere Landser machen es ihrem Kameraden nach. „Aber die kriegt Ihr nur, wenn Ihr noch schnell ein paar Zigaretten vorbeibringt, und gegen unseren Kohldampf könnten wir auch noch ganz gut was brauchen. Von den Ballermännern werden wir schließlich nicht satt!" Die Seeleute zischen los, holen Zigaretten, besorgen sich vom Smutje einige Konservendosen und drei Brote, kehren schließlich nach einer Viertelstunde mit drei Pistolen und der dazugehörigen Munition wieder an Bord zurück. Als wir mit dem Boot bereits wieder draußen auf Reede liegen in Erwartung des nächsten russischen Flugzeugangriffs, wird mir Meldung gemacht über diesen Vorfall. „Dort geht es ja schon ganz schön drunter und drüber", sage ich. „Und hungern müssen sie auch, die armen Schweine. Aber da es nun einmal so gekommen ist mit den Pistolen, will ich meinen, daß wir die Dinger vielleicht mal gut brauchen können. Entweder, um uns gegen die Russen zu wehren, oder um ganz Schluß zu machen, falls wir in eine ausweglose Situation hineingeraten sollten." Wir veranstalten Schießübungen an Oberdeck. Werfen leere Flaschen ins Wasser und versenken sie dann.

Vollbeladenes Flüchtlingsschiff

Menschen in Sträflingskleidung

Flugzeugangriffe gehören längst zu unseren täglichen eisenhaltigen Erlebnissen. Mal weiter weg, im Hafen, oder dort, wo die vielen Menschen in den Helaer Dünen lagern. Mal mehr in der Nähe, auf Reede, wo wir vor Anker liegen, wo die in ständigem Wechsel kommenden größeren Frachter ihre Ladung übernehmen, ihre „Menschenfracht". Heute hat hier ein Fährprahm geankert, ganz dicht bei unserem Boot. Fast könnte man sagen in Steinwurfnähe. Er ist vollgepfercht mit Menschen. Man braucht nicht einmal ein Fernglas, um sie zu erkennen: Männer, Frauen, Greise und Kinder. Ihre Köpfe sind kahlgeschoren! Sie tragen allesamt Sträflingskleidung. Sind völlig abgemagert. Es ist ein Bild des Grauens! Sie verrichten ihre Notdurft über Bord, während sich nur einige Meter davon entfernt andere Häftlinge Wasser hochholen, mit Dosen, die sie an einem Band befestigt haben. Wie gelähmt stehen wir allesamt da, wir Männer von R 414. „Das darf doch einfach nicht wahr sein! Das ist doch menschenunwürdig!" So sprudelt es aus Dahlhaus hervor. „Aber wenn wir nur hinüberglotzen, dann helfen wir denen auch nicht", wendet der Doktor ein. „Wir haben doch reichlich Proviant an Bord und werden allesamt sicher nicht verhungern, wenn wir den armen Schweinen da drüben ein wenig davon rüberbringen." Die Besatzung macht das Schlauchboot klar. Lehmann kommt mit einem Arm voll Brot aus seiner Kombüse herauf. Der Stabsarzt paddelt gemeinsam mit Weber, dem Sanitätsobergefreiten, zum Fährprahm hinüber. Sie reden mit der Besatzung. Die gehören nicht zur Marine. Dann geben sie den gierig danach greifenden Häftlingen das Brot. „Grausam", sagen sie, als sie zurückkommen. „Einfach grausam!" Sie fahren noch mehrere Male. Und keiner von uns hat etwas dagegen. Als wir abends in meiner Kommandantenkammer sitzen, entwickelt sich unter uns ein erregtes Gespräch: „Ich habe es geahnt, ich habe es gewußt", so stößt der Doktor hervor. „Und was haben diese armen Menschen wohl verbrochen? Nichts! Absolut nichts! Sie haben nur einen einzigen Fehler: Sie sind keine ‚Arier', ihre Nase paßt unseren Verführern nicht!" Ich füge hinzu: „Nie habe ich es wahrhaben wollen, was ich heute mit eigenen Augen mit ansehen mußte! Man hat hier und da mal was von Konzentrationslagern gehört, wo Leute zusammengefaßt werden und arbeiten müssen. Doch das hier . . ." „Aber was haben denn die vielen Menschen verbrochen, die vorige Woche mit der GOYA abgesoffen sind?" wendet der Obermaschinist ein. „Die waren doch genauso arm dran, und jetzt sind sie tot!“ „Sicher mögen Sie Recht haben“, meldet sich Oberfähnrich Wettermacher zu Wort. „Auch die meisten, die dabei umgekommen sind, waren keine Verbrecher. Aber was die Juden anbetrifft, da haben mir neulich während des Urlaubs zwei Studienkameraden so einiges erzählt. Die waren im Osten. Und wenn nur die Hälfte von dem stimmt, was sie mir berichtet haben, dann riecht das nach Mord, nach systematischem Mord!“ „Aber etwas zurückhaltender sollten Sie ruhig sein mit solchen Anschuldigungen“, mischt Dahlhaus sich in das Gespräch. „Ist das denn kein Mord, wenn die Engländer und die Amerikaner unsere Städte dem Erdboden gleichmachen und dabei auch Tausende von Frauen und Kindern mit umbringen? Ich meine, davon hat wohl jeder von uns mal eine Kostprobe miterlebt!“ Der Stabsarzt kann nicht mehr an sich halten. Ist sehr erregt und stößt hervor: „Und doch gibt es einen ganz großen Unterschied! Wer hat denn den Anfang gemacht mit diesen wahnwitzigen Städtebombardierungen? Und was die Juden anbetrifft, da will ich Ihnen mal was sagen: Ich kenne seit Jahren eine nette Familie. Der Mann Jude, die Frau Deutsche, eine ‚Arierin‘, wie es ja so schön heißt. Im vorigen Jahr haben sie ihn deportiert . . . irgendwo in den Osten. Nie hat die Frau wieder etwas von ihm gehört, aber eines Tages haben sie ihr eine Urne geschickt mit einem ganz sachlichen Begleitschreiben. Und zwei Bekannten von ihr ist es genauso ergangen! Erkennen Sie den Unterschied?“

Innerlich aufgewühlt gehen wir auseinander. Den heutigen Geburtstag unseres Führers und obersten Befehlshabers Adolf Hitler haben wir ganz vergessen!

Eine Lagebesprechung beim Admiral

25. April:

Pillau befindet sich in russischer Hand! Der neue Admiral Östliche Ostsee, Vizeadmiral Thiele, ist bereits auf Hela, als Nachfolger des schwer erkrankten Admirals Burchardi. Er hat eine Besprechung einberufen, ganz dringend. Auch der Chef der 9. Sicherungsdivision nimmt daran teil. „Wir müssen schnellstens etwas gegen den Hafen von Pillau unternehmen“, so der Vizeadmiral. „Wenn es den Russen gelingt, dort einen Stützpunkt für ihre Flotte einzurichten, insbesondere für die Schnellboote, dann bedeutet dies eine sehr ernstzunehmende zusätzliche Bedrohung für alle hier vor Anker liegenden Schiffe und für die Geleite. Da unsere Kreuzer nicht mehr einsatzbereit sind, bleibt uns nur die Möglichkeit, die Hafeneinfahrt zu verminen. Wie mir gemeldet wurde, haben wir hier ja noch so einige von den Dingern gelagert. Wäre nur zu klären, welcher Verband für die Verminung zur Verfügung steht. Was schlagen Sie vor, von Blanc?" Der Angesprochene braucht nicht lange Zeit zum Überlegen. „Dafür kommt nur die neue 2. R-Flottille mit ihren acht Booten in Frage", antwortet er. „Die haben auf dem Achterdeck genug Platz für die Eier, sind gut bewaffnet und auch recht schnell. Allerdings ist ein Haken bei der Sache: Geübt haben sie meines Wissens eine derartige Operation noch nie." „Aber was sollen wir sonst machen? Der Knüppel liegt beim Hund. Dann müssen sie wohl oder übel gleich mit einer scharfen Nachtübung anfangen!"

Vor Pillau: Die Verminung der Hafeneinfahrt

1. Mai 1945:

Unsere Boote sind im Hafen von Hela mit Minen vollgepackt worden. Sie liegen hübsch hintereinander auf den Achterdecks. Acht bis zehn hochempfindliche Grundminen pro R-Boot zähle ich. Nach Anbruch der Dunkelheit laufen wir aus, in Kiellinie, mit östlichem Kurs. Unser Ziel: Pillau-Reede!

Pechrabenschwarze Nacht! Bis wir das befohlene Einsatzgebiet erreicht haben, laufen wir mit hoher Fahrtstufe, orientieren uns am schneeweiß leuchtenden, aufgequirlten Schraubenwasser unseres Vordermannes. Bald sind wir am Ziel, formieren uns in der vorher besprochenen Weise. Befehle werden übermittelt. Wir fahren jetzt langsam. Für das Werfen der Minen ist eine genaue Zeitfolge festgelegt worden. Oberfähnrich zur See Wettermacher steht zur Kontrolle auf dem Achterdeck, hält die Stoppuhr in seiner Hand. Unsere Männer mühen sich ab, schieben die Dinger in den Bach. Plumps macht es jedesmal! Dann verschwinden sie langsam im Heckwasser, eine nach der anderen. „Verdammt, verdammt, wo ist das Nachbarboot denn abgeblieben?" So meine aufgeregte Frage. Wir versuchen, mit unseren guten Nachtferngläsern die Dunkelheit zu durchdringen. Doch auf einmal leuchtet es hell auf, drüben, bei Pillau! Unser Räumbootverband ist im russischen Scheinwerferlicht ganz klar zu erkennen! Die Russen suchen überall. Mal in der Luft, dann wieder auf dem Wasser. Haben uns anscheinend noch nicht entdeckt. „Wer weiß – vielleicht sind die ja schon besoffen, feiern den ersten Mai", meint unser Signalgast. „Oder ihre Siege", denke ich. Unsere Operation ist schließlich beendet. Die Flottille läuft zurück nach Hela-Reede. „An Pillau werden die Russen in nächster Zeit wohl keine Freude haben", meint unser Obermaat Gau, während er nach dem anstrengenden „Eierlegen" kurz auf der Kommandobrücke erscheint.

Jetzt liegen wir wieder vor Anker. Es ist noch dunkel. Unsere Wache ist aufgezogen, aber keiner von uns kann schlafen. Alle sind aufgeputscht vom vielen Kaffee, von „Schoka-Cola" und auch vom Pervitin. Ganz zu schweigen von den aufregenden Erlebnissen der vergangenen Stunden. „Das hätte aber verdammt leicht in die Hose gehen können", meint Müller, der Decksälteste. „Was soll's, Karl Heinz", antwortet Weber. „Wir haben eben mal wieder Schwein gehabt. Vielleicht kommen wir ja doch eines Tages heil nach Hause!" Wir sitzen noch ein wenig beisammen, unten in meiner Kommandantenkammer. Lauschen einer Radiosendung, die unser Obergefreiter Kober durchgestellt hat.

Hitler „gefallen" – und der Befehl des Großadmirals

Dann die Stimme des Ansagers: „Wir machen darauf aufmerksam, daß in wenigen Minuten eine wichtige Meldung durchgegeben wird." Schließlich die Durchsage:

„Aus dem Führerhauptquartier wird gemeldet, daß unser Führer Adolf Hitler heute nachmittag in seinem Befehlsstand in der Reichskanzlei, bis zum letzten Atemzug gegen den Bolschewismus kämpfend, gefallen ist. Am 30. April hat der Führer den Großadmiral Dönitz zu seinem Nachfolger ernannt."

Für einen Moment herrscht Totenstille. Dann bricht es aus dem Stabsarzt heraus. Er wirkt wie von Sinnen. Verliert die Kontrolle über sich. „Gott sei Dank!" schreit er. Steht auf, ballt seine Fäuste, schlägt damit auf das obligatorische, in der Kammer hängende Hitlerbild ein. Glassplitter fallen zu Boden. Wie erleichtert sinkt er in sich zusammen, setzt sich und meint: „Kameraden, seid mir nicht böse, ich mußte das einfach loswerden."

Ein vollgepferchter Prahm auf Hela – Reede

Keiner von uns sagt etwas. Weder Zustimmung noch Widerspruch sind zu vernehmen. Und wer in diesem Moment die Gedanken lesen könnte, würde ein Spektrum erkennen zwischen „Du hast recht“ bis „Du Verräter“. Soll ich diesen Vorfall zur Meldung bringen? Und bei wem denn? Eventuell beim „NSFO“ – beim „Nationalsozialistischen Führungsoffizier“? Der ist ja bereits bestens informiert, denn es ist Doktor Kühl höchstpersönlich.

Am darauffolgenden Tage liegen wir beisammen, einige Boote der „2. R.“ im „Päckchen“. Alle Besatzungen sind angetreten. Kapitänleutnant Merks, der Flottillenchef, verliest einen Tagesbefehl des Großadmirals:

„Der Führer hat mich zu seinem Nachfolger als Staatsoberhaupt und als Oberster Befehlshaber der Wehrmacht bestimmt. Ich übernehme den Oberbefehl über alle Teile der deutschen Wehrmacht mit dem Willen, den Kampf gegen den Bolschewismus so lange fortzusetzen, bis die kämpfende Truppe und Hunderttausende von Familien des deutschen Ostens vor der Versklavung oder Vernichtung gerettet sind. Gegen Engländer und Amerikaner muß ich den Kampf so weit und so lange fortsetzen, wie sie mich in der Durchführung des Kampfes gegen den Bolschewismus hindern. Die Lage fordert von Euch, die Ihr schon solch große geschichtliche Taten vollbracht habt, und die Ihr jetzt das Ende des Krieges herbeisehnt, weiteren bedingungslosen Einsatz. Ich verlange Disziplin und Gehorsam. Nur durch vorbehaltlose Ausführung meiner Befehle werden Chaos und Untergang vermieden. Ein Feigling und Verräter ist, wer sich gerade jetzt seiner Pflicht entzieht und damit deutschen Frauen und Kindern Tod und Versklavung bringt. Der dem Führer geleistete Treueeid gilt nunmehr für jeden einzelnen von Euch ohne weiteres mir als dem vom Führer eingesetzten Nachfolger.

Deutsche Soldaten, tut Eure Pflicht! Es gilt das Leben unseres Volkes.

gezeichnet: Dönitz, Großadmiral und Oberbefehlshaber der deutschen Wehrmacht."

„Kameraden, diesem Erlaß habe ich nichts hinzuzufügen", so beendet der Flottillenchef die Musterung. „Wir haben das Elend unserer Vertriebenen hier jeden Tag vor Augen. Da gibt es noch einiges für uns zu tun."

Keine Viertelstunde hat diese Musterung gedauert. Dann werfen wir die Leinen wieder los, unsere Boote streben auseinander. Ankern jedes für sich, damit wir den russischen Bombern kein konzentriertes Ziel bieten. „Jetzt wissen wir wenigstens, wo's langgeht", meint einer von uns Kommandanten vor dem Ablegen. „Hoffentlich lassen die Tommys uns dabei in Ruhe. Vielleicht stimmt es ja doch, daß sie mit uns gemeinsam den Iwan wieder rausschmeißen werden. Jetzt, wo Hitler tot ist." Aber es soll noch einige Tage dauern, bis der nächste Einsatzbefehl für die Boote kommt.

Eile geboten! – Die Aktivitäten des Admirals

Funksprüche werden hin- und hergejagt. Es gilt, mit allen überhaupt verfügbaren Mitteln die letzte Aufgabe zu lösen: Alle auf Hela und in der Weichselniederung massierten Soldaten und Flüchtlinge schnellstmöglich in den Westen zu transportieren. Auf Hela, in seinem Befehlsbunker, hat Vizeadmiral Thiele die Angehörigen seines Stabes um sich versammelt. Sie suchen gemeinsam nach Lösungen, aber ihre Möglichkeiten sind sehr begrenzt. Mit den wenigen im Moment zur Verfügung stehenden Schiffen sind nur ein paar Prozent der Vertriebenen in Sicherheit zu bringen. In dieser hoffnungslosen Lage kommen so gut wie keine Schiffe mehr aus dem Westen, die für die notwendigen Transporte eingesetzt werden könnten. Und dies, obwohl der Admiral Östliche Ostsee seinem Oberkommando bereits in mehreren Funksprüchen Meldung gemacht hat über die drängenden Probleme. Er wird ungehalten, der Admiral. Sagt: „Meine Herren, anscheinend kann oder will man uns nicht begreifen. Aber wer weiß schon, welche Schwierigkeiten die da haben. Wenn man wenigstens miteinander telefonieren könnte! Doch leider bleibt uns nur noch der Funkkontakt. Wir müssen jetzt massiver werden, sonst wird wohl nichts mehr daraus werden, aus der im Tagesbefehl unseres Großadmirals angekündigten Errettung vor der Versklavung oder Vernichtung!“

Dann diktiert er einen Funkspruch:

„Infolge fast gänzlichen Aufhörens des Ostgeleitverkehrs nach Hela in Kürze über 200 000 Menschen massiert. Heraufbeschwört zwangsläufige Zusammenbruchserscheinungen. Erbitte sofort großzügige Inmarschsetzung von Schiffsraum für Abtransport. 2. und 3. Mai nur ein Dampfer nach Westen. Abhilfe dringend erforderlich!“

Man sieht es den anwesenden Besprechungsteilnehmern an: Dieser Funkspruch ist ihnen voll und ganz aus dem Herzen gesprochen. Aber Admiral Thiele will es damit nicht bewenden lassen. Er befiehlt seinem Chef des Stabes: „Fregattenkapitän Forstmann! Sie melden sich bitte gleich noch bei mir!“ So geschieht es. Dann weiter: „Wissen Sie, hier auf der Halbinsel sind wir jetzt mehr oder weniger ausführende Organe. Können nur noch versuchen, die Schiffe, welche man uns schickt, so einigermaßen sicher mit Menschen beladen wieder zurückzuschicken. Das ist alles. Dafür brauche ich nicht mehr alle Herren meines Stabes. Es genügt jetzt, wenn ich hier mit einigen wenigen die Stellung halte. Aber für Sie und zwei Ihrer Admiralstabsoffiziere gibt es jetzt eine echte Aufgabe! Unsere Funksprüche reichen mir immer noch nicht aus. Ich halte es für unbedingt erforderlich, daß wir den Kameraden da drüben mal etwas mehr Dampf unter den Hintern machen. Wir müssen sie persönlich über unsere Lage informieren, mit ihnen alle Möglichkeiten besprechen. Und dafür, lieber Forstmann, sind Sie als mein direkter Vertreter genau der richtige Mann am richtigen Platz. Sie haben schon so manche Kastanie aus dem Feuer geholt. Sie werden auch jetzt etwas erreichen!" Er macht eine Pause, wird unterbrochen. Jemand klopft an die Tür. Der Chef der 9. Sicherungsdivision betritt den engen, dunklen Raum: „Herr Admiral, ich melde mich gehorsamst zur Stelle." „Gut, daß Sie schon da sind, von Blanc. Forstmann weiß bereits, worum es mir geht. Dann können wir jetzt fortfahren." Darauf von Blanc: „Ich habe vorhin Verbindung aufgenommen zum Flottillenchef ‚2. R.'. Merks ist darüber informiert worden, daß er sofort zwei seiner Boote für den geplanten Sonderauftrag abzustellen hat." – Admiral Thiele fährt fort: „Also Forstmann, Sie werden sich noch heute mit den genannten Herren in Marsch setzen, einige Dinge in Rönne abklären und dann weiterlaufen nach Kopenhagen. Dort werden Sie dem FDZ (‚Führer der Zerstörer') unsere Lage schildern und von ihm dringend alle noch einsetzbaren Zerstörer und Torpedoboote für weitere Rückführungstransporte anfordern! Wenn einer bei diesem Durcheinander überhaupt noch was auf die Beine stellen kann, dann ist das der Kreisch! Sie haben von mir alle Vollmachten. Machen Sie das Beste daraus. Aber da ist noch etwas: Ich möchte, daß Sie bei der Gelegenheit meinen Vorgänger, den Admiral Burchardi, mit in den Westen zurücknehmen. Wir sind es unserem verdienten Kameraden schuldig, daß wir ihn möglichst bald in ein vernünftiges Lazarett bringen.

Die Ärzte haben mir gesagt, daß sie ihn hier auf Hela kaum durchkriegen können. Und damit Sie auch immer schön auf der Parteilinie bleiben, gebe ich Ihnen noch ein paar „Braune" mit an Bord. Wird allerhöchste Zeit, daß wir die hier endlich loswerden. Machen mich ständig verrückt mit ihrer dummen Fragerei. Und jetzt: Viel Glück, gute Fahrt und Gott mit Ihnen, wie es so schön auf den Koppelschlössern stand!"

Der Sonderauftrag und die Teilkapitulation

Unser R 414 liegt immer noch auf Reede, draußen vor Hela. Wir hatten inzwischen mal wieder ein paar Flugzeugangriffe, aber im Moment herrscht Ruhe. Kober hat gerade einen Spruch übermittelt bekommen: „R 414 und R 412 sofort in den Hafen einlaufen. Stabsarzt vorher mit Ausrüstung umsteigen auf R 415.“ Unsere Seeleute bringen den Doktor mit dem Schlauchboot dorthin. Als sie zurückkommen, sind die Maschinen bereits klar, stehen alle Mann schon auf ihren Manöverstationen. Der Anker wird gehievt. Dann mahlen unsere Schrauben durch das klare Ostseewasser. Schließlich machen wir fest, im Hafen von Hela. Man erwartet uns schon. Ganz in der Nähe drängen Hunderte sich gegen die Absperrung, nein, viel, viel mehr! Männer, Frauen, Kinder. Auch Soldaten in den verschiedensten Uniformen. Sie rufen verzweifelt, geben Zeichen. Sie flehen: „Oh, nehmt uns doch mit, bitte!“ Aber da stehen schon andere, die mitgenommen werden müssen: Der schwer erkrankte Admiral Burchardi mit einer ihn betreuenden Krankenschwester, Fregattenkapitän Forstmann, verschiedene andere Soldaten aller Dienstgrade. Auch ein paar Leute in Parteiuniform kann ich erkennen. „Auf jeden Fall fahren wir gleich gen Westen“, ruft Obermaschinist

„Oh, nehmt uns doch mit, bitte!“

Haack dem Dahlhaus zu, der gerade aus der Maschine hochkommt. „Das ist so sicher wie das Amen in der Kirche, mein Lieber!“ Unsere Männer helfen dem Admiral, den engen Niedergang hinunterzukommen. Er wird für die Dauer der Überfahrt in meiner Kommandantenkammer wohnen. Auch unser Schwesterboot, R 412, übernimmt Passagiere, ähnlich zusammengewürfelt. Das muß alles sehr schnell vor sich gehen, wegen der ständigen Feindbedrohung! Mittlerweile melde ich meinem Admiral: „Wir können auf jeden Fall noch mehr Flüchtlinge mitnehmen! Irgendwie werden wir sie während der Überfahrt schon unterbringen!“ Darauf der Erkrankte: „Setzen Sie sich deswegen mit dem Chef des Stabes in Verbindung!“ Ich eile zu Fregattenkapitän Forstmann, trage ihm mein Anliegen vor. Aber dann werden alle Absichten zunichte gemacht. Am Flaggenmast weht die Flagge „FLIE“ – das bedeutet: „Fliegeralarm!“ Es wird bereits geschossen! „Das geht jetzt leider nicht mehr“, erwidert mir der Chef des Stabes. „Wir müssen sofort auslaufen, denn sonst ist unser Auftrag gefährdet.“

So fahren wir mit unseren beiden Booten in die Nacht hinein. Wir schreiben den 4. Mai. Unsere Besatzungen wissen nicht, welche Bewandtnis es hat mit unserem besonderen Auftrag, und auch wir Kommandanten, der Leutnant zur See Graf von Moltke und ich, haben keine Ahnung, worum es letzten Endes geht. „Hoffentlich kommen wir heil durch“, ruft Zaja dem Müller zu. „Ich schätze, daß der Krieg vorbei ist, wenn wir das geschafft haben!“

Wieder mal eine undurchdringliche Nacht! Neben mir steht Wettermacher, der Oberfähnrich. Gemeinsam versuchen wir, die Dunkelheit zu durchdringen. Man hat es eilig. Wir laufen volle Fahrt. Natürlich – wie immer – völlig abgeblendet. Plötzlich schreit der Oberfähnrich: „Schatten voraus!“

„Hart Steuerbord!“ Nur in wenigen Metern Abstand rauschen wir an einem ebenfalls abgedunkelt fahrenden Schiff vorbei. Verdammt, verdammt. „Das wäre fast ins Auge gegangen“, stellen wir allesamt fest. „Ich glaube, das war ein Torpedoboot mit Kurs Osten“, meint unser Obermaat Gau, der gerade auf der Brücke erschienen ist. „Wenn der uns erwischt hätte, dann wäre wohl außer Kleinholz nicht sehr viel von uns übriggeblieben.“

Noch bevor es hell wird, laufen wir in Rönne ein. Es gibt ein paar Stunden Ruhe, bevor die Fahrt weitergehen soll. Auch muß der Chef des Stabes noch einige wichtige Besprechungen führen. Sehr bald werde ich aus dem ersten Schlaf gerissen: Unser wachhabender Funker hat einen dringenden Spruch empfangen:

„Offenes FT von Flotte an alle: Ab 5. 5. 1945, 8 Uhr deutscher Sommerzeit, Waffenruhe gegenüber den Truppen Feldmarschall Montgomery. Umfaßt alle Verbände des Heeres, der Kriegsmarine, Luftwaffe und Waffen-SS im Bereich der Niederlande-Friesland einschl. West- und Ostfriesische Inseln und Helgoland, Schleswig-Holstein und Dänemark. Eingang des Befehls nachprüfen. In See befindliche Transportbewegungen der Kriegsmarine laufen weiter. Keinerlei Zerstörungen, Schiffsversenkungen und Kundgebungen. Sicherung aller Vorräte. Gehorsam und Disziplin mit eiserner Strenge aufrechterhalten. Weitere Befehle folgen.
gez. Keitel, Generalfeldmarschall.
Vorstehender Befehl ist sofort an alle Truppen und Dienststellen bekanntzugeben. Jede Aufforderung auf Waffenniederlegung oder Übergabe von Waffen ist abzulehnen. Jeder gewaltsame Versuch dieser Art ist mit Waffengewalt niederzuschlagen. Eingang des Befehls ist zu bestätigen.
gez. Lindemann, Generaloberst und Wehrmachtsbefehlshaber Dänemark."

Der Chef des Stabes nimmt den Funkspruch zur Kenntnis, zeichnet ihn ab und meint nur: „Gut, dann weiß ich Bescheid." Weiter kein Kommentar. „Im Moment führen wir ja eine in See befindliche Transportbewegung durch", bemerkt Leutnant zur See von Moltke.

„Aber falls wir in einen dänischen Hafen einlaufen sollten, wäre der Krieg wohl für uns beendet."

Bevor wir mit unseren beiden Booten von Bornholm aus die Weiterfahrt antreten, steigen noch etliche Passagiere an Bord ein: Soldaten und Zivilisten. Auch einige recht nett anzuschauende Wehrmachtshelferinnen sind dabei. Was keiner von uns wissen kann: Es werden mit die letzten Deutschen sein, die auf diesem Wege die große dänische Insel verlassen. Nur kurze Zeit später werden die Russen kommen und die Masse unserer Landsleute nach Osten deportieren oder in die Gefangenschaft abführen!

Irgendwo auf See passieren wir ein Minensuchboot, übermitteln einen Signalspruch: „Von Chef des Stabes Admiral Östliche Ostsee an Kommandant: Übernehmen Sie erkrankten Admiral und Krankenschwester zur Weiterfahrt nach Kiel!" Unsere Decksbesatzung bringt das Schlauchboot zu Wasser. Viele Hände helfen, als die zwei dahin übersteigen. Ein kurzer Händedruck, viele gute Wünsche, dann paddeln unsere Seeleute sie hinüber zum Minensuchboot. Und die Fahrt geht weiter mit Kurs Kopenhagen. Die wegen der unerwarteten Westreise recht fröhlichen Wehrmachtshelferinnen haben sich postwendend mit unserer Besatzung angefreundet.

Endlich wieder Schiffe für Hela!

Die Funksprüche, welche der Vizeadmiral Thiele von Hela aus an die Seekriegsleitung abgesetzt hat, haben währenddessen bewirkt, daß endlich wieder alle Möglichkeiten ausgeschöpft werden, um Soldaten und Flüchtlinge in den Westen zu transportieren: Am 5. Mai, während unsere beiden Minenräumboote in Rönne liegen, ist noch einmal eine Armada von Schiffen mit Kurs Osten in Marsch gesetzt worden. Es sind Zerstörer, ein Hilfskreuzer, Torpedoboote, Minensucher, Vorpostenboote und mehrere Handelsschiffe! Etliche davon sind gewissermaßen in letzter Minute aus Kopenhagen ausgelaufen – direkt vor dem Inkrafttreten der Teilkapitulation! Auf diese Weise gelingt es, allein am 6. Mai 1945 noch 43 000 Menschen aus Hela herauszuholen!

In Kopenhagen

Das Wetter ist gut – ein herrlicher Frühlingstag! Auch die liebe Sonne zeigt uns, daß sie doch noch da ist! Die Bootskörper vibrieren und rollen ein wenig in der östlichen Dünung, während wir unserem Zielhafen entgegensteuern. Oberfähnrich zur See Wettermacher kommt aus dem Funkraum, hat einen Zettel in der Hand, den er mir reicht: „Herr Leutnant, ich habe gerade den Wehrmachtsbericht mitgehört. Dies hier erscheint mir wichtig – ich habe es gleich notiert:

> Gemäß Vereinbarung mit dem britischen Oberbefehlshaber, Feldmarschall Montgomery, landeten die Engländer im Raum Kopenhagen schwächere Besatzungstruppen aus der Luft . . .“

„Na, ja“, bemerke ich, „die sind wohl als ‚Begrüßungskommando‘ für uns gekommen. Kober, bringen Sie das gleich zum Chef des Stabes. Der wird sich freuen!“ Obergefreiter Artmanns, der gerade Rudergänger ist, kann sich einen Kommentar nicht verkneifen. Er meint: „Dann sind dies wohl so die letzten Seemeilen, die wir mit unserem Dampfer zurücklegen. Wenn wir gleich in Kopenhagen liegen, ist sicher Feierabend. Ehrlich gesagt: Ich habe die Schnauze auch restlos voll! Unser Haus ist kaputt und zwei Verwandte sind umgekommen. Nein! Mir reicht's!“

Mai 1945: PRINZ EUGEN in Kopenhagen (im Vordergrund ein dänischer Wachposten)

Früh am 7. Mai laufen wir mit unseren Booten in den Hafen von Kopenhagen ein. „Mensch", ruft Dahlhaus, „da liegen ja zwei Dickschiffe! Ob das wohl schon Engländer sind?" Aber nein! Jetzt erkennen wir die Silhouetten klar und deutlich: Es sind unser Schwerer Kreuzer PRINZ EUGEN und der Leichte Kreuzer NÜRNBERG. „Gehen Sie direkt beim ‚Prinzen' längsseits", befiehlt mir der Chef des Stabes. Ein kurzer Signalspruch. Eine Bestätigung. Dann machen wir dort fest. Unsere restlichen Passagiere steigen aus, müssen woanders untergebracht werden. Fregattenkapitän Forstmann geht mit den übrigen Offizieren seines Stabes von Bord. „Bleiben Sie mit den Booten hier in Bereitschaft liegen", sagt er zu Leutnant von Moltke und zu mir. „Ich muß auf PRINZ EUGEN einige Besprechungen führen."

Auch ich habe es eilig, zum Kreuzer hinüberzugehen. Ich habe nämlich eine dicke Backe! Meine rechte Gesichtshälfte leuchtet prall wie ein Kürbis! „Bei uns an Bord gibt es einen tollen Zahnarzt", hat mir vorhin einer der Kameraden des „Prinzen" zugerufen. Und richtig! Den finde ich!

Im engen Funkraum unseres Bootes herrscht währenddessen Hochbetrieb. Ein Funkspruch jagt den anderen.

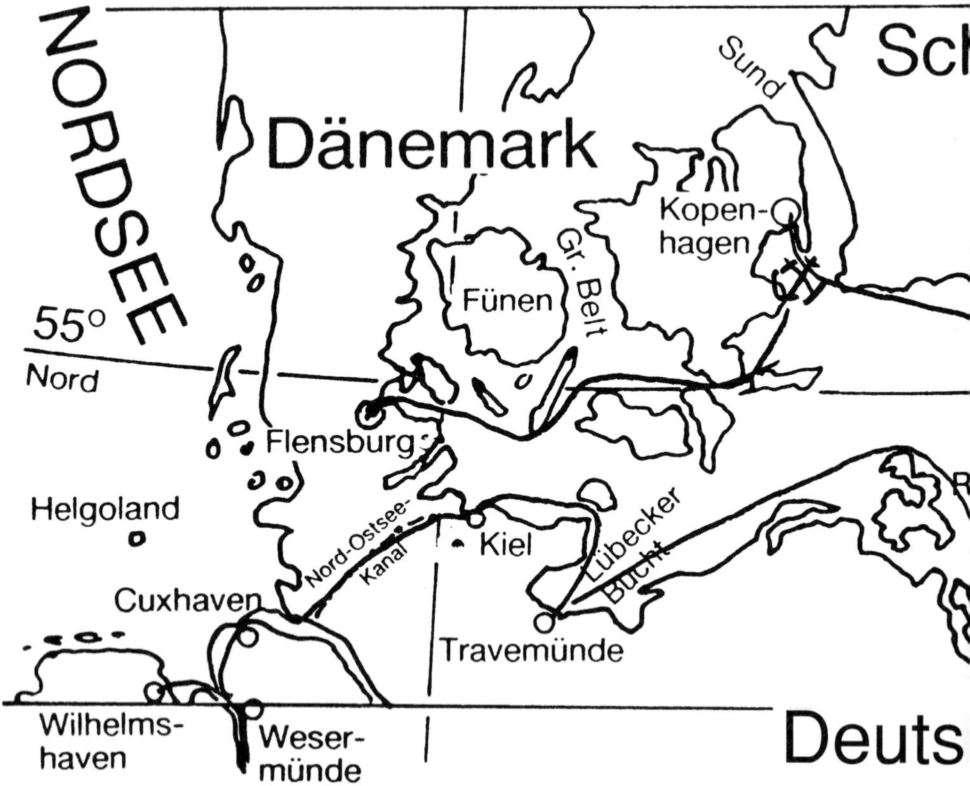
NORDSEE
Dänemark
Sch
Sund
Kopen-
hagen
Fünen
Gr. Belt
55°
Nord
Flensburg
Helgoland
Nord-Ostsee-
Kanal
Kiel
Lübecker
Bucht
Cuxhaven
Travemünde
Wilhelms-
haven
Weser-
münde
Deuts

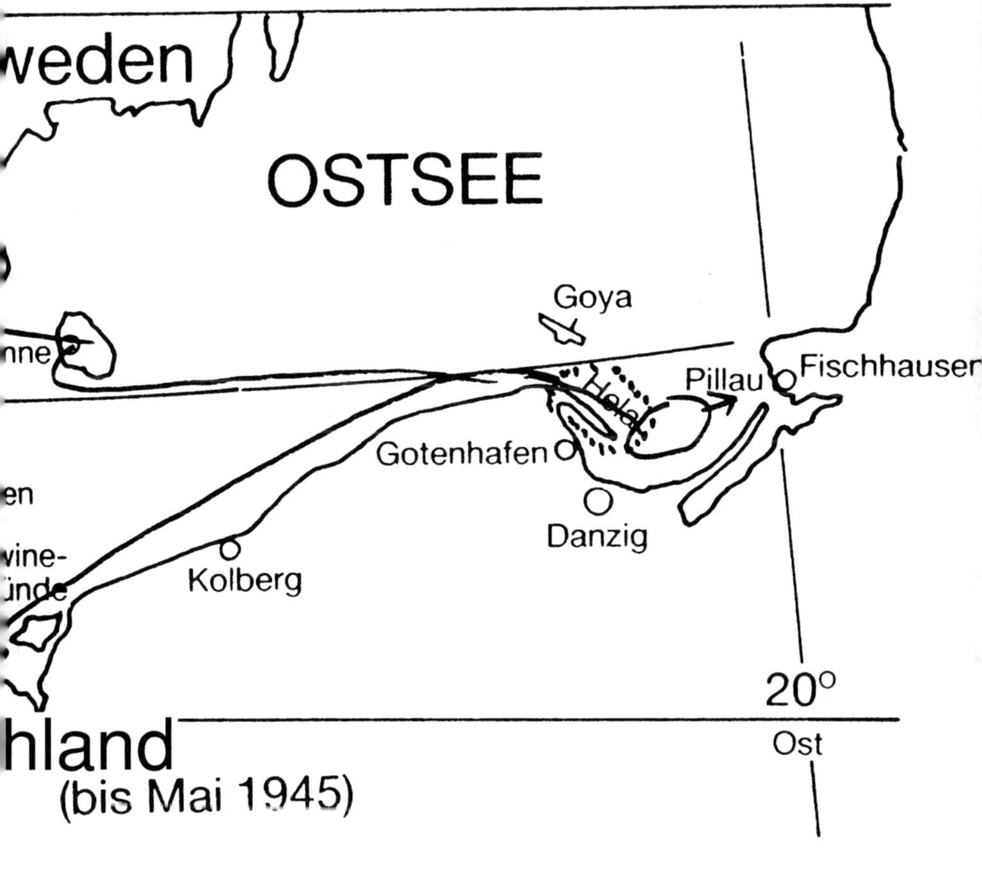

Entfernungen von Hela: nach Pillau = 38 sml
(in Seemeilen, 1 sml = 1852 m) nach Rönne = 160 sml
nach Kopenhagen = 250 sml

Kopenhagen – deutsche Räumboote nach der Teilkapitulation

Das Ringen um Zeitgewinn

Auch nach der Kapitulation gegenüber England fühlt sich Großadmiral Dönitz der großen, letzten Aufgabe verpflichtet, die er nach Hitlers Tod allen Soldaten hat kundtun lassen: der „Errettung von Soldaten und Hunderttausenden von Familien vor der Versklavung oder Vernichtung". Sein ganzes Bestreben geht dahin, das Inkrafttreten einer – auch aus seiner Sicht unabwendbaren – Gesamtkapitulation so lange hinauszuzögern, bis möglichst alle Flüchtlinge und Soldaten aus dem Kurland- und Ostpreußenraum in den Westen abtransportiert worden sind. In diesem Sinne werden auch in Reims die Waffenstillstandsverhandlungen geführt, an denen von deutscher Marineseite der Generaladmiral von Friedeburg teilnimmt. Nachdem alle weiter gehenden Bemühungen gescheitert sind, wird schließlich am 7. Mai um 2.41 Uhr in Reims die Gesamtkapitulation unterzeichnet, wonach alle Kampfhandlungen ab 8. Mai, 23.01 Uhr mitteleuropäischer Zeit, einzustellen sind. Die zweite Unterzeichnung im Berliner Hauptquartier der Roten Armee erfolgt in der Nacht vom 8. zum 9. Mai 1945.

Noch weitere zwei Tage Frist sind also herausgeschlagen worden! Und diese Zeit gilt es zu nutzen für die Rückführung von Menschen aus dem Osten, für Seetransporte. Was deutscherseits allerdings nicht bei den Westalliierten durchgesetzt werden kann, ist die Billigung des Seetransporteinsatzes von bereits in dänischen oder deutschen Häfen liegenden Kriegs- und Handelsschiffen.

Daher ergeht seitens des Oberkommandos der deutschen Wehrmacht folgende Weisung an alle Einheiten:

„Aufgrund der durch die Kapitulation veränderten Lage wird für die weitere Durchführung des Seetransportverkehrs zum Abtransport von Flüchtlingen befohlen:

1. Alle zur Zeit auf Marsch in See befindlichen Schiffe und Fahrzeuge laufen weiter.
2. Mit sofortiger Wirkung kein Auslaufen von Schiffen mehr aus deutschen Häfen, aus dänischen Häfen bis 8. 5., 23.00 Uhr MEZ, nur in Richtung auf deutsche Häfen . . ."

Oberfähnrich Wettermacher, der diese vielen Meldungen und Befehle im Funkraum unseres Bootes zur Kenntnis nimmt, holt tief Luft und sagt dann zu den Funkern: „Das wär's denn wohl, Kameraden. Ich schätze, damit ist der Krieg für uns offiziell beendet."

... ist um 16 Uhr die Kriegsflagge niederzuholen ...

Noch während ich auf PRINZ EUGEN im Behandlungsstuhl des Bordzahnarztes sitze, wird ein weiterer, dringender Funkspruch aufgenommen:

„FT von MOK OST:
Im MOK OST-Bereich, soweit durch die Kapitulation berührt, ist am 7. 5. 1945, 16 Uhr

1. einheitlich von allen Kriegs- und Handelsschiffen die Kriegsflagge niederzuholen,
2. militärischer Gruß nicht mehr in bisheriger Form zu erweisen. Zukünftige Grußform wie vor Einführung des Deutschen Grußes."

Oberfähnrich Wettermacher als mein Vertreter befiehlt sogleich einem Läufer, auf die PRINZ EUGEN zu gehen und mir den Funkspruch umgehend vorzulegen. „Na – muß das denn sein?" meint der Zahnarzt. Er hat mir gerade eine Spritze verpaßt und macht soeben erste Anstalten, zwei Zähne mit Hilfe seiner Marterzangen ins Jenseits zu befördern. „Ja, Herr Stabsarzt", sage ich. „Das ist wirklich wichtig, denn wir haben nur noch wenig Zeit bis 16 Uhr. – Melden Sie dem Oberfähnrich, daß die Besatzung sich bereithalten soll zur Musterung – Anzug Erste Garnitur Blau", sage ich zu dem Läufer. Dieser rauscht sogleich ab. Nur fünf Minuten später stehe ich wieder an Bord meines Bootes, ohne meine beiden Quälgeister. In meinem Kopf schwirren die Gedanken durcheinander: Was soll ich der Besatzung sagen, bevor ich den Befehl zum Niederholen unserer Flagge erteile?

Die Besprechung beim FdZ (Führer der Zerstörer)

Währenddessen findet in der Offiziersmesse PRINZ EUGEN die Besprechung zwischen dem Führer der Zerstörer, Vizeadmiral Kreisch, und dem mit uns von Hela frisch angekommenen Chef des Stabes beim Admiral Östliche Ostsee, Fregattenkapitän Forstmann, nebst Mitarbeitern statt. Soeben hat der Admiral im dänischen Hotel „Angleterre" Übergabeverhandlungen geführt mit dem britischen Rear-Admiral Holt. „Also, meine Herren, ich konnte bei den Briten trotz aller Bemühungen keine Zugeständnisse erreichen. Nach wie vor fordern sie, daß kein deutsches Schiff die dänischen Gewässer mit Kurs Hela verläßt! Da können wir nur von Glück reden, daß die Masse unserer Zerstörer und T-Boote außerhalb der Dreimeilenzone vor Anker liegt. Unser Problem ist, daß die Mehrzahl davon bis zur Halskrause mit Flüchtlingen und Soldaten vollgeladen ist. Und wenn sie in Kopenhagen einlaufen, um diese vielen Menschen loszuwerden, dann sitzen sie hier in der Mausefalle und dürfen nicht wieder hinausfahren! Einige davon haben obendrein kaum noch Betriebsstoff an Bord!" Der Chef des Stabes macht einen Vorschlag: „Herr Admiral, soweit ich es aus den letzten Meldungen entnehmen konnte, sind gerade zwei kleine, langsame Dampfer auf der Außenreede eingetroffen, die nicht mehr für den Hela-Transport eingesetzt werden können. Ich meine, es sollte sofort alles darangesetzt werden, die

Flüchtlinge dahin umsteigen zu lassen. Und was den Brennstoff anbetrifft, so habe ich dort gestern beim Vorbeifahren einen Tanker liegen sehen. Der schien mir noch halbvoll zu sein. Vielleicht könnte man den auf Reede leerpumpen?" „Ja, das habe ich bereits veranlaßt. Aber das Vorhandensein dieser zwei Dampfer war mir noch nicht bekannt", antwortet der Admiral. Dann wendet er sich an seine in diesem Falle zuständigen Stabsoffiziere: „Meine Herren, wir dürfen jetzt keine Zeit verlieren. Bereiten Sie sofort die erforderlichen Befehle vor, damit wir die in Frage kommenden Zerstörer und Torpedoboote umgehend per Funk benachrichtigen können. Und damit jeder von Ihnen weiß, welchen Kurs ich in meinem Zuständigkeitsbereich zu steuern gedenke, will ich es Ihnen hier noch einmal in aller Deutlichkeit sagen und begründen: Auf Hela und in Kurland befinden sich noch Tausende von Flüchtlingen und Soldaten, die abtransportiert werden müssen. Die englische Zustimmung zum Weiterlaufen des Abtransports aus dem Osten durch Montgomery wird in der Praxis – wie wir jetzt feststellen müssen – weitgehend gehemmt. Ich habe den Eindruck, daß dieser auch keine Vollmacht hat zu derartigen Zugeständnissen. Aber die von mir vorgesehenen Geleite werden wir – ohne zu fragen – in Marsch setzen! Und dies ist unsere letzte, große, humanitäre Aufgabe!" Es klopft. Ein Läufer meldet sich, legt dem Admiral den bereits erwähnten Funkspruch vor. Dieser liest ihn. Sagt dann, ohne hochzublicken: „In einer knappen Stunde, um 16 Uhr, ist Flaggenparade. Niederholen der Kriegsflagge. So wird uns diese Schmach doch nicht erspart. Uns bleibt nicht mehr viel Zeit. Gehen wir an die Arbeit!" Fregattenkapitän Forstmann und die Offiziere seines Stabes melden sich von Bord: „Herr Admiral, ich bedanke mich. Werde dem Admiral Thiele melden, daß alles getan wird, um die vielen Menschen noch rechtzeitig herauszuholen!" „Sie fahren mit ihren zwei Räumbooten wieder dorthin?" „Jawohl! Ich lasse die Kameraden nicht im Stich! Mit Dunkelwerden fahre ich los!" Darauf der Admiral: „Ein mutiger Draufgänger sind Sie ja schon immer gewesen, Forstmann. Ich wünsche Ihnen eine gute Fahrt. Glück und Erfolg!" Sie schauen sich in die Augen. Ein fester Händedruck. Dann gehen sie auseinander.

Das Zeremoniell und die Ungewißheit

Auf unseren Minenräumbooten herrscht emsiges Treiben! Wir wollen, daß das Niederholen unserer Flagge in einem würdigen Rahmen vonstatten geht. Leutnant Graf von Moltke und ich haben miteinander vereinbart, daß wir dieses Zeremoniell gemeinsam durchführen werden. Jetzt sind alle dabei sich umzuziehen, als wollten sie sich landfein machen. So wie bei uns an Bord geschieht dies auch auf den unzähligen anderen, im Kopenhagener Hafen und im gesamten Teilkapitulationsbereich liegenden deutschen Kriegs- und Handelsschiffen.

Der Chef des Stabes kommt von PRINZ EUGEN zurück. „Beide Kommandanten sollen sich sofort bei mir melden", befiehlt er. Wir melden uns „Gehorsamst zur Stelle". „Meine Herren, wir müssen in spätestens 10 Minuten auslaufen", eröffnet uns Fregattenkapitän Forstmann. Ich lege ihm den Funkspruch vor. Melde: „Wir haben bereits alles vorbereitet für die Flaggenparade!"

Darauf der Chef des Stabes: „Den Befehl kenne ich. Wir müssen bis kurz vor 16 Uhr draußen vor der Einfahrt ankern – im Päckchen! Ich selbst werde dann zu den Besatzungen sprechen!"

„Jawohl, Herr Kapitän", quittieren wir diese Entscheidung. Dann legen wir als einzige mit unseren Räumbooten ab, schaffen es noch gerade rechtzeitig. Beide Besatzungen sind an Oberdeck angetreten. Leutnant zur See von Moltke und ich machen dem Chef des Stabes Meldung. Mit markiger Stimme hebt Fregattenkapitän Forstmann an: „Kameraden, dies ist die schwerste Stunde im Leben eines Soldaten." Er fährt später fort: „Mit eigenen Augen mußten wir alle das unbeschreibliche Flüchtlingselend auf Hela mit ansehen. Noch ist der Auftrag unseres Großadmirals zur Rettung dieser vielen Menschen nicht voll erfüllt! Wenn man uns braucht, dann sind wir wieder dabei!"

Dann ertönt zum letzten Mal – nach wohlbekanntem Zeremoniell – das Kommando: „Oberdeck stillgestanden! Front zur Flagge!" und schließlich: „Hol nieder Flagge!" Die Bootsmannsmaatenpfeifen ertönen, während unsere Reichskriegsflaggen langsam niedergeholt werden.

Jetzt sind sie unseren Blicken entschwunden, die Symbole, unter denen wir unseren Fahneneid geleistet haben, unter denen die meisten von uns aus Überzeugung marschierten und kämpften, von denen wir einst sangen: „Unsere Fahne ist die neue Zeit. Unsere Fahne führt uns in die Ewigkeit . . ." So mancher von uns hat Tränen in den Augen, in diesem feierlichen, einschneidenden Moment. Doch dem aufmerksamen Beobachter will scheinen, daß es nicht nur Tränen der Ergriffenheit sind, die da fließen, sondern auch Tränen der Erleichterung darüber, diesen Wahnsinnskrieg doch noch überlebt zu haben.

Nachdem alle wieder auseinandergetreten sind, gibt es auf unseren Booten natürlich viel Gesprächsstoff. Und da alle den Worten des Fregattenkapitäns aufmerksam gelauscht haben, kristallisiert sich sehr schnell ein Hauptthema heraus: „Wie hat er das wohl gemeint – Dann sind wir alle wieder dabei? Der will doch nicht etwa wieder mit uns nach Hela fahren? So wahnsinnig kann er ja wohl nicht sein! Wir ganz allein, mit unseren zwei kleinen Booten . . . Außerdem haben wir kapituliert hier in Dänemark, und alle anderen Kriegsschiffe sind im Hafen geblieben! Und der Fahneneid kann ja auch nicht mehr gelten, denn wir haben die Flagge niedergeholt!"

Die Erregung hält an. „Ich will Euch mal was sagen", meint Maat Michard. Er ist Ostpreuße. „Seit Monaten habe ich nichts mehr gehört von meinen Eltern und Geschwistern. Immer muß ich denken, die könnten dort auch noch sitzen und auf ein Schiff warten. Habt Ihr denn nichts gelesen von den vielen Greueltaten der Russen? Glaubt mir: Ich lasse meine Angehörigen nicht im Stich! Auch dann nicht, wenn ich dabei noch einmal mein Leben riskieren muß. Auf mich kann er zählen, der Chef des Stabes!" Etliche der Anwesenden stimmen Michard zu, aber schnell kommt ein neuer Einwand. Artmanns meint: „Und dann kommen sie auf so einen Dampfer, und der Iwan versenkt sie! Habt Ihr denn die vielen Toten von der GOYA vergessen? Die wollten auch alle gerettet werden! Und was haben sie nun davon gehabt? Vielleicht sind die Überlebenschancen für die allermeisten sogar noch besser, wenn sie nicht mit einem Schiff fahren. Oder glaubt Ihr wirklich, die Russen bringen sie alle um?"

„Die Engländer haben alle Schiffsbewegungen in dänischen Gewässern strikt verboten", meint Weber. „Unser Funker hat es mir vorhin selbst erzählt! Und daß die schon längst in Kopenhagen gelandet sind, habt Ihr ja selbst im Wehrmachtsbericht gehört. Glaubt nur nicht, daß die uns ungeschoren weiterfahren lassen, wenn wir hier abdampfen. Ihre Flotte wird bald da sein, und Flugzeuge haben sie ja schließlich auch genug, um uns schnell und gründlich zur Sau zu machen!"

„Falls der gute Mann tatsächlich vorhaben sollte, noch einmal mit uns in diese Mausefalle zu fahren, dann hat er nicht alle Tassen im Schrank", mischt Artmanns sich erneut in das Gespräch ein. „Wenn die großen Pötte dafür

„Ich schwöre bei Gott diesen heiligen Eid, daß ich dem Führer des Deutschen Reiches und Volkes, Adolf Hitler, dem Obersten Befehlshaber der Wehrmacht, unbedingten Gehorsam leisten und als tapferer Soldat bereit sein will, jederzeit für diesen Eid mein Leben einzusetzen."

Der Eid, den wir unter der „Reichskriegsflagge" geleistet hatten, und der „Führer", dem dieser Eid galt, beim Abschreiten der Front vor der Marineschule in Flensburg-Mürwik (Mai 1936).
Über ihn sagte der damalige „Reichsjugendführer" Baldur von Schirach nach dem Krieg: „Es ist meine Schuld, die ich vor Gott und unserer Nation trage, daß ich die deutsche Jugend im Glauben an Hitler erzog, einen Mann, den ich für unantastbar hielt und der ein millionenfacher Mörder war. Ich habe an Hitler geglaubt, das ist alles, was ich zu meiner Entschuldigung sagen kann." (Aussage vom 24. Mai 1946 im Nürnberger Kriegsverbrecherprozeß. Quelle: Baldur von Schirach, „Ich glaubte an Hitler", Mosaik Verlag Hamburg).

eingesetzt würden, dann könnte man das vielleicht noch verstehen. Die sind seetüchtig, viel schneller als wir, schwer bewaffnet, und haben jede Menge Platz! Aber wir? Die paar Mann! Warum haben wir denn neulich nicht mehr mitgenommen? Doch da konnten gewisse Leute ja nicht schnell genug in den Westen kommen! Nein, Kameraden, mir sind in diesem verfluchten Krieg schon genug Bomben und Granaten um die Ohren geflogen! Ich habe einfach keine Lust, um fünf Minuten nach zwölf noch die Muffe dichtzukneifen!"

„Nun hört mir mal gut zu", wirft Obermaat Gau jetzt ein: „Der Chef des Stabes ist einer der erfahrensten und erfolgreichsten Räumbootfahrer, die wir überhaupt haben! Und wenn der tatsächlich sagen sollte: Jetzt fahren wir wieder los, dann wird er schon wissen, warum und wie er das machen will! Schließlich setzt er dabei ja genauso sein Leben ein, wie wir das tun müssen! Und wenn einer nicht mitmachen will, dann ist das auch jetzt noch Meuterei, dann wird man ihn an die Reling stellen und erschießen!" Der Oberfähnrich Wettermacher hat sich aus einiger Entfernung diese erregte Debatte mit angehört. Er hält sich jedoch noch zurück und geht seinen eigenen kritischen Gedanken nach. Währenddessen tauschen auch Leutnant von Moltke und ich unsere Meinungen aus über diese außergewöhnliche Situation. Wir sind uns einig: Es ist jetzt unsere verdammte Pflicht und Schuldigkeit, dem Chef des Stabes Meldung zu machen über unsere Beurteilung der Lage. Wir dürfen auf keinen Fall verschweigen, welche Bedenken und Schwierigkeiten nach unseren Erkenntnissen bestehen!

„Herr Leutnant, ich soll Ihnen melden, daß beide Kommandanten sofort zu Fregattenkapitän Forstmann kommen möchten", meldet Kober. Leutnant zur See von Moltke und ich begeben uns rasch unter Deck, melden uns gehorsamst zur Stelle.

Der Seeklarbefehl und die Verschwörung

Meine Herren, ich hatte es ja schon beim Niederholen der Flagge angedeutet: In einer Stunde wird ankerauf gegangen! Dann ist es dunkel genug für unseren Marsch nach Hela! Ich möchte von Ihnen Meldung haben, wenn die Boote seeklar sind. Noch Fragen?" „Jawohl, Herr Kapitän", so lautet die fast gleichzeitige Antwort von uns zweien. Von Moltke beginnt: „Ich bitte Sie gehorsamst zu bedenken, daß wir heute nachmittag unsere Kriegsflaggen niederholen mußten. Auch befinden wir uns mit unseren Booten innerhalb des Kapitulationsgebietes, wo die Engländer alle Schiffsbewegungen untersagt haben! Ferner muß ich melden, daß meine Treibstoffvorräte – selbst bei sparsamster Fahrt – keinesfalls für Hin- und Rückmarsch ausreichen und daß ich noch über ganze 800 Schuß Munition verfüge – für sieben vollautomatische Rohre!" Ich ergänze: „Bei mir an Bord sieht es nicht besser aus. Und von hier bis nach Hela sind es 250 Meilen, das macht bei 17 Knoten Marschfahrt allein für die Hinfahrt 14 Stunden Kriegsmarsch!"

Der Chef des Stabes unterbricht uns: „Sehen Sie sonst noch irgendwelche Schwierigkeiten?" Dann fährt er fort, ohne unsere Antwort abzuwarten: „Bei dieser Unternehmung handelt es sich um eine befohlene Maßnahme zur Rettung weiterer Flüchtlinge und Soldaten! Ich denke, das dürfte Ihnen genügen. Sie waren ja selbst im Osten und haben mit eigenen Augen gesehen, was dort los ist. Man erwartet uns dringend, meine Herren!" Der 37jährige Fregattenkapitän Forstmann ist nicht der Typ, der über die von ihm erteilten Befehle zu diskutieren gedenkt. Er ist vielmehr ein mutiger Draufgänger, der während seiner langjährigen militärischen Laufbahn stets alle sich ihm in den Weg stellenden Schwierigkeiten mit Erfolg ignoriert hat. Die grausamen Erlebnisse, welche während der vergangenen Monate in der Danziger Bucht auf ihn einwirkten, haben seine kompromißlose Entschlußfreudigkeit noch gefestigt. Er ist – allen ihm soeben gemeldeten Schwierigkeiten und rechtlichen Bedenken zum Trotz – fest davon überzeugt, daß er auch diese letzte Rettungsaufgabe irgendwie meistern wird. Daß er bei dieser Gelegenheit auch sein eigenes Leben riskiert, ist für ihn eine soldatische Selbstverständlichkeit. Aus seiner Sicht erwartet er – auf der bewährten Basis von Befehl und Gehorsam – nicht mehr, aber auch nicht weniger von seinen

Untergebenen, als er selbst immer noch zu geben bereit ist. „Also dann, meine Herren: Um 20 Uhr gehen wir ankerauf. Das wär's erst mal!"

„Boote seeklar machen", so lautet jetzt unser Kommando. Hier geht es um die Rettung von Menschen, und das ist kein verbrecherischer Auftrag! Wir zwei Kommandanten haben offen und klar unseren Standpunkt vertreten, aber die letztendliche Entscheidungsbefugnis liegt nicht bei uns!

Der erneute Befehl zum Seeklarmachen ruft auf beiden Räumbooten Betroffenheit, Unsicherheit und erneute Diskussionen hervor. „Hab' ich es euch nicht gesagt", ruft Lehmann, „die sind doch alle bekloppt da oben! Können es gar nicht abwarten, noch schnell den Heldentod zu sterben. Und uns arme Schweine reißen sie mit in die Scheiße rein, die Arschlöcher!" Während Artmanns und Zaja – an der Reling stehend – ihren Wutausbrüchen freien Lauf lassen, kommt Oberfähnrich Wettermacher vorbei. Er war gerade im Kartenhaus. „Herr Oberfähnrich, seien Sie mal ganz ehrlich – ist das nicht heller Wahnsinn, was die hier mit uns machen? Sie sitzen doch an der Quelle und kennen alle Funksprüche und Nachrichtensendungen. Uns hat der Peters von 412 gesagt, daß morgen nacht schon die Gesamtkapitulation in Kraft treten soll. Ist das wirklich so?" „Ja, das habe ich selbst gehört, und wenn Sie mich schon fragen: Mir stinkt das langsam auch!" Darauf Artmanns: „Aber die können doch nicht einfach alles mit uns machen, jetzt wo der Krieg vorbei ist! Da muß man doch was tun! Was sagt denn der Kommandant? Ist wohl auch so ein Jawohl-Sager?" Der Oberfähnrich holt tief Luft: „Nein, ganz so kann man das nicht sagen. Die beiden Leutnants hatten vorhin eine Besprechung mit dem Chef des Stabes." Zaja lacht verächtlich, macht eine wegwerfende Handbewegung: „Und wie Sie jetzt sehen, soll der neue Kriegsmarsch gleich beginnen. Wenn dies das ganze Besprechungsergebnis ist . . . Wissen Sie was? Wir müßten einfach nach Schweden fahren, das sind doch nur ein paar Meilen! In einer halben Stunde könnten wir da sein, oder?" Jetzt mischt Artmanns sich ein: „Sie sind doch sowieso auf der Brücke, Herr Oberfähnrich. Und wenn wir erst ankerauf gegangen sind, dann müssen Sie bestimmt den Leutnant wegen seiner dicken Backe vertreten. Der ist doch völlig fertig vor lauter Zahnschmerzen! Und die beiden Stabsoffiziere werden sich sicher zwischendurch in der Kommandantenkammer aufhalten. Dann ändern Sie einfach den Kurs und fahren nach Schweden. Und bevor die anderen überhaupt begriffen haben, was los ist, sind die schwedischen Wasserschutzpolizisten schon bei uns an Bord!"

Oberfähnrich Wettermacher hat sich diesen Wortschwall von aufrührerischen Vorschlägen kommentarlos angehört. Nein, er wird sie nicht verpfeifen. Sagt nur: „Ich werde darüber nachdenken, Leute!“ „Sie müssen wissen, daß Sie sich voll und ganz auf uns verlassen können“, meinen jetzt Artmanns und Zaja, wie aus einem Munde. „Und wenn es gar nicht anders gehen sollte, dann wissen wir auch von unseren Pistolen Gebrauch zu machen, wir beide und mindestens auch der Wietzorek!“

Der Oberfähnrich klettert den steilen Niedergang hinunter, begibt sich in seine Kammer und versucht, sich zu einer Entscheidung durchzuringen. „So einfach, wie die beiden sich das vorstellen, wird es wohl nicht gehen“, denkt er. Er schätzt, daß etwa die Hälfte der Besatzung auf Gedeih und Verderb alle Befehle des Chefs des Stabes ausführen wird und auch bereit ist, eine eventuelle Meuterei mit Gewalt zu unterbinden! Von den meisten anderen Leuten glaubt er, daß sie ihm zumindest keine Schwierigkeiten bereiten werden, sondern vielmehr heilfroh sind, wenn der Krieg für sie endgültig beendet ist. Schließlich entscheidet er sich: Er wird diesen – nach seiner festen Überzeugung illegalen – Seemarsch in die Mausefalle von Hela irgendwie vereiteln. Wenn möglich, durch eine List. Andernfalls dadurch, daß er alle, die sich seinen Forderungen in den Weg stellen, mit Hilfe seiner Mitwisser festsetzt und einsperrt. Und dies auch durch Bedrohung mit der Waffe, wenn es nicht anders geht. „In Schweden werden wir sie wieder freilassen“, denkt er. „Und Blutvergießen wird es auch nicht geben, wenn wir im richtigen Moment zupacken! Wenn es sich so ergeben sollte, könnten wir auch einfach wieder nach Kopenhagen zurücklaufen. Dann würden die Engländer uns dort schon vor Repressalien in Schutz nehmen!“ Er geht zum Achterdeck. Ruft herunter: „Der Artmanns soll mal eben zu mir raufkommen!“ Als dieser sich meldet, sagt er nur kurz: „Einverstanden. Wenn wir unterwegs sind, sprechen wir alles ab. Aber lassen Sie sich auf keinen Fall etwas anmerken. Es muß verhindert werden, daß wir schon vorher verpfiffen werden!“ Sie gehen wieder auseinander.

Leutnant zur See von Moltke hat inzwischen mit seinem Räumboot abgelegt und ganz in der Nähe geankert. Auch bei ihm an Bord brodelt es nach Bekanntwerden des erneuten Seeklarbefehls. Ähnlich wie auf dem Nachbarboot stehen die Männer in Gruppen an Deck und diskutieren erregt die Lage. Von Moltke erkennt sofort den Ernst der Situation! Er spürt instinktiv: Unter diesen militärisch und rechtlich verworrenen Umständen wird er weder durch Strafandrohung noch durch Waffengewalt die Disziplin aufrechterhalten können, wenn die Boote erst ankerauf gegangen sind! Daher beordert er sofort seine gesamte Besatzung in den Mannschaftsraum, unten im Achterdeck. Er wird ein offenes Wort mit seinen Leuten reden, das ist er ihnen einfach

In Kopenhagen: Flüchtlinge und Soldaten gehen an Land

schuldig. Sagt: „Kameraden, ich habe soeben den Befehl erhalten, nach Dunkelwerden zusammen mit R 414 wieder nach Hela zu laufen. Ich weiß, was Sie in diesem Moment bewegt, nachdem wir die Reichskriegsflagge niedergeholt haben. Aber gerade deshalb erwarte ich, daß Sie mir voll und ganz vertrauen. Wir werden gleich, wie befohlen, ankerauf gehen, doch verspreche ich Ihnen, daß ich Sie wieder heil nach Hause bringe. Da unser Treibstoff ohnehin nicht ausreicht für einen Marsch bis Hela, werden wir nach meinen Berechnungen gezwungen sein, Kiel anzulaufen. Was ich in diesem Moment von Ihnen allen erwarte, ist äußerste Disziplin!" Man hört ein Raunen unter den Anwesenden. „Wir dürfen ja überhaupt nicht wieder losfahren", wettert der Obergefreite Meyer. „Die Engländer werden uns glatt abknallen!" Aber die anderen schneiden ihm das Wort ab: „Hast Du denn nicht begriffen, was der Alte da gerade eben gesagt hat!? Was meinst Du wohl, was mit uns passieren würde, wenn wir uns jetzt einfach weigerten auszulaufen? Also halt' ganz schön Deine große Schnauze und geh' schleunigst auf die Manöverstation!"

Mittlerweile ist es dunkel geworden. Der Chef des Stabes läßt mich zu sich rufen und eröffnet mir: „Jetzt können wir losfahren. Die Engländer werden es nicht bemerken!“ Manöverglocken ertönen, dann gleiten die Ankerkettenglieder knarrend in den Kettenkasten.

„Auf und nieder! Aus dem Wasser! Anker fest!“ So meldet Obermaat Gau. Der Seemarsch nach Hela kann beginnen. Mit südlichen Kursen gleiten unsere beiden Räumboote abgeblendet durch die Dunkelheit. Vorne wir mit Fregattenkapitän Forstmann und einem seiner ASTO's (Admiralstabsoffiziere) an Bord, dahinter im Kielwasser R 412.

Zwei Torpedoboote klar zum Marsch nach Hela

Auf dem Ankerplatz „Nanny“, südlich des Drogden, der Einfahrt in den Sund, liegt eine Armada von deutschen Kriegs- und Handelsschiffen, vollgepfercht mit Soldaten und Flüchtlingen jeden Alters. Sie müssen hier liegenbleiben, dürfen nicht in den Hafen von Kopenhagen einlaufen, weil dort bereits seit fast drei Tagen Waffenruhe herrscht und die Engländer ein Wiederauslaufen untersagt haben. Den Befehlen des Admirals entsprechend ist heute alles unternommen worden, um zumindest einige Schiffseinheiten freizumachen für einen erneuten letzten Marsch nach Hela. Flüchtlinge und Soldaten mußten trotz aller Enge auf ein anderes Schiff umsteigen, und es war sogar möglich, die dadurch leergewordenen, für einen neuen Transporteinsatz vorgesehenen Zerstörer und Torpedoboote bis zur Halskrause vollzubunkern. Alle wissen, daß höchste Eile geboten ist, denn sie haben heute, am 7. Mai, folgenden Funkspruch erhalten:

An alle in der Ostsee befindlichen Schiffe: Infolge Kapitulation müssen sämtliche See- und Sicherungsstreitkräfte sowie Handelsschiffe die Häfen in Kurland und Hela bis 9. Mai null Uhr verlassen haben. Transport deutscher Menschen aus dem Osten daher mit höchster Beschleunigung durchführen!

Seekriegsleitung

Der Flottillenchef der 5. Torpedobootsflottille, Korvettenkapitän Hansen-Nootbaar hat gleich nach Erhalt des Spruches seine zwei Kommandanten zu sich gerufen: Die Kapitänleutnants Weinlig (T 23) und Temming (T 28). „Meine Herren“, so Hansen-Nootbaar, „Sie sehen, daß Eile geboten ist. In etwa zwei Stunden möchte ich ankerauf gehen. Bis dahin bleibt Ihnen noch ein wenig Zeit, die letzten nach dem Massentransport erforderlichen Arbeiten

Admiral Theodor Burchardi, 53 Jahre, Kommandierender Admiral Östliche Ostsee (links oben)

Fregattenkapitän Gustav Forstmann, 37 Jahre, Chef des Stabes b. Adm. Östl. Ostsee (rechts oben)

Korvettenkapitän Hansen-Nootbaar, 35 Jahre, Chef 5. T-Flottille, Leiter des Standgerichts (links unten)

Leutnant z. See Heinrich-Joachim Graf v. Moltke, Kommandant „R 412" (hier als Oberfähnrich) (rechts unten) zu erledigen. Gibt es noch irgendwelche Schwierigkeiten?" „Nein, Herr Kapitän", lautet die einstimmige Antwort der Torpedobootskommandanten. „Und wie ist die Stimmung bei Ihnen an Bord?" „Könnte nicht besser sein", erwidert Weinlig. „Ich habe vorhin eine Musterung abgehalten und die Besatzung über die neue Lage unterrichtet. Sie haben es ja nun oft genug mit eigenen Augen gesehen, wie es dort im Osten aussieht. Und wer es immer noch nicht geglaubt hatte, der konnte es in den letzten Tagen von den vielen Flüchtlingen hören, die wir an Bord hatten! Vorhin kamen sogar zwei Obermaate zu mir und fragten: „Herr Kaleu, wann fahren wir denn nun endlich wieder?"

„Bei mir sieht es nicht anders aus", meldet jetzt Kapitänleutnant Temming. „Ich erwarte absolut keine Probleme! Und falls unter den vielen Leuten wirklich mal einer sein sollte, der Schwierigkeiten macht, so würden die anderen ihn schon zurechtstoßen. Da bin ich ganz sicher, Herr Kapitän!" „Gut, Kameraden, es freut mich, daß Sie meine eigenen Eindrücke bestätigen", so beendet Hansen-Nootbaar die Besprechung. „Gehen wir an die Arbeit!"

Die Befehlsverweigerung: „Das ist doch Freischärlertum!"

Inzwischen durchpflügen unsere Minenräumboote weiter die Ostsee, gar nicht weit vom Ankerplatz der Torpedoboote entfernt. Die ursprüngliche Rechnung des Oberfähnrichs ist nicht aufgegangen, denn ich habe mich trotz aller Zahnschmerzen nicht durch ihn ablösen lassen. Auch sein Plan, die zwei Stabsoffiziere einfach – während sie dort sitzen – in die Kommandantenkammer einzusperren, läßt sich nicht verwirklichen: Die beiden stehen nämlich die ganze Zeit draußen auf dem Achterdeck. Was soll er tun, der Oberfähnrich? Er spürt, daß ihm nicht viel Zeit zum Überlegen bleibt, daß er jetzt handeln muß, wenn er sein Ziel erreichen will. In wenigen Minuten zieht bei uns wieder die „Volle Kriegswache" auf, dann wird alles schwieriger werden.

Einige Leute der Besatzung sind gerade unter Deck gegangen, ziehen sich warme Klamotten an für die lange, kalte Nachtwache. Unter ihnen der

Obermaschinist Haack, Obermaat Gau und Maat Michard. Das sind Leute, so vermutet er, die sich ihm ohne zu zögern in den Weg stellen würden. Schnell gibt Wettermacher seinen Mitwissern, die sich im Hintergrund bereithalten, ein Zeichen: Er winkt mit den Armen. Das haben sie vorher vereinbart. Dann flüstert er nur ein paar Worte: Artmanns soll die zwei Stabsoffiziere auf dem Achterdeck in Schach halten, wenn es soweit ist. Zaja und Wietzorek sollen den vorderen Niedergang und den Maschinenniedergang versperren.

In Windeseile huschen die Mitwisser auseinander, halten sich möglichst unauffällig in der Nähe des ihnen zugedachten Platzes auf. Dann begibt sich der Oberfähnrich auf die Brücke, spricht mich von der Seite an: „Herr Leutnant, wohin fahren wir?“ Ich antworte ihm: „Nach Hela!“ Darauf Wettermacher: „Aber das dürfen wir doch gar nicht! Wir haben doch unsere Flagge niedergeholt, haben kapituliert in Kopenhagen. Das ist doch Freischärlertum!“

Meine Entgegnung: „Wir sollen Flüchtlinge holen und ich führe den Befehl des Chefs des Stabes aus! Wenn Sie Fragen haben, dann richten Sie die an ihn!“ „Das werde ich auch!“ ruft der Oberfähnrich aus. Erregt verläßt er die Brücke, begibt sich zum Achterdeck, wo der Chef des Stabes noch immer steht, zusammen mit seinem Begleiter. Dort verwickelt er den Fregattenkapitän Forstmann selbstsicher in ein Gespräch und erklärt: „Das kann ich nicht mitmachen!“ In diesem Moment erschallt ein greller Ruf: „Vorsicht, Herr Kapitän, die haben eine Pistole!“ Der Admiralstabsoffizier hat blitzschnell wahrgenommen, daß Artmanns eine Waffe mit sich führt und gerade durchladen will! Aber er kommt diesem zuvor: „Hände hoch! Keine Bewegung!“

In Sekunden spielt sich das alles ab! Obermaschinist Haack hört den Lärm, als er wieder an Oberdeck erscheint. Instinktiv spürt er: Da stimmt etwas nicht! Er hastet zurück in seine Kammer. Will seine Maschinenpistole holen, die dort hängt, findet sie aber nicht. Gestohlen! Doch es gibt noch andere Besatzungsangehörige, die den Stabsoffizieren zu Hilfe eilen. Wettermacher und Artmanns werden entwaffnet, festgesetzt und bewacht. Kein Schuß ist in diesen kritischen Momenten gefallen – der Meutereiversuch ist gescheitert! Die entmutigten Mitwisser haben Wind davon bekommen, daß alles schiefgegangen ist. Sie verschwinden unerkannt in die Dunkelheit, mischen sich unter die übrige Besatzung. Niemand soll je erfahren, daß sie an dem gescheiterten Versuch beteiligt waren!

Auf der Brücke erscheint Maat Michard. Er ist völlig außer Atem, wirkt sehr erregt. Meldet mir dann: „Herr Leutnant, Befehl vom Chef des Stabes: Sie sollen sofort auf Gegenkurs gehen! Da war eine Meuterei an Bord!“ Wie ein Keulenschlag trifft mich die Nachricht! Ich fühle mich wie betäubt, befehle dann in diesem tranceähnlichen Zustand: „Steuerbord zwanzig – . . . Auf dreihundertfünfzig Grad gehen!“ Der Obergefreite Schonvogel wiederholt meine Kommandos. Unser Boot beginnt zu drehen, bekommt dabei eine leichte Schlagseite.

Die Brückenwache des uns im Kielwasser folgenden R 412 hat unser Boot ständig im Auge. Plötzlich ein erregter Ausruf des Signalgasten: „Herr Leutnant, die drehen ja ab! Was ist denn da los?“ Von Moltke erkennt die Situation, befiehlt seinem Rudergänger: „Bleiben Sie hinter ihm, Schürmann! Drehen Sie langsam mit!“ „Die haben es sich wohl doch noch anders überlegt“, fügt er leise hinzu. „Ist jedenfalls besser als Sibirien oder Heldentod“, meint ein Obermaat.

Während bei mir an Bord die zwei streng bewachten Meuterer mit bösen Vorahnungen über ihr weiteres Schicksal nachdenken, begibt sich der Chef des Stabes auf die Kommandobrücke. „Nehmen Sie direkt Kurs Ankerplatz Nanny“, befiehlt er mir jetzt. „Dort müssen auch zwei Torpedoboote der 5. T-Flottille liegen. Nehmen Sie Morsekontakt zum Führerboot auf und geben Sie durch, daß wir längsseits kommen!“

Ein Torpedoboot mit Tarnanstrich

„Sie müssen umgehend ein Standgericht einberufen!“

Sie sitzen in der Offiziersmesse ihres Torpedobootes: der Flottillenchef, der Kommandant, mehrere Offiziere und ein Oberfähnrich zur See. Sie haben gerade noch einen kleinen Imbiß und starken Kaffee zu sich genommen, um sich für den bevorstehenden langen Nachtmarsch fit zu machen. Korvettenkapitän Hansen-Nootbaar schaut auf die Glasen-Uhr, meint dann: „In einer halben Stunde ist es soweit, meine Herren. Dann beginnt unser letzter Einsatz!“ Ein Signalgast klopft an, meldet: „ Herr Kapitän, da kommt ein Minenräumboot. Die haben eben durchgegeben, daß sie bei uns längsseits gehen wollen. Hier ist der Spruch!“ „Sollen sie!“, so Hansen-Nootbaar. „Melden Sie dem Schmarting, daß die Decksbesatzung das Boot wahrnehmen soll. Und die Seeleute sollen gut aufpassen mit Fendern! Nicht, daß die uns bei dieser Dunkelheit noch schnell was kaputtfahren mit ihren R-Booten!“

Keine zehn Minuten sind vergangen, da meldet sich Fregattenkapitän Forstmann auf T 28 an Bord. Wendet sich an Hansen-Nootbaar: „Sind Sie der Flottillenchef?“ „Jawohl, Herr Kapitän.“ „Ich bin der Chef des Stabes beim Admiral Östliche Ostsee. Ich muß Sie bitten, mich und meinen ASTO (Admiralstabsoffizier) mitzunehmen nach Hela.“ Etwas erstaunt über dieses von ihm nicht erwartete Begehren antwortet Hansen-Nootbaar: „Aber sicher, Herr Kapitän, seien Sie uns herzlich willkommen hier an Bord! Bisher haben wir nur immer Leute aus Hela herausgeholt. Ist doch mal was anderes, wenn wir jetzt zwei mutige Männer dorthin bringen können!“ „Aber bevor wir ankerauf gehen, habe ich noch einen Auftrag für Sie“, unterbricht Forstmann den Flottillenchef. „Sie müssen umgehend ein Standgericht einberufen, zwei auf dem Räumboot befindliche Meuterer aburteilen und dann – etwas anderes kann wohl kaum dabei herauskommen – die Strafe vollstrecken lassen!“

Dem Korvettenkapitän Hansen-Nootbaar steigt die Röte zu Kopfe. „Herr Kapitän“, so sagt er dann voll innerer Erregung. „Da Sie mit uns fahren wollen, wissen Sie selbst, daß wir jetzt wichtigeres zu tun haben, als hier ein Blutgericht abzuhalten! Wir dürfen nicht zu spät nach Hela kommen, müssen ankerauf gehen, und zwar in wenigen Minuten! Und dann muß ich noch etwas dazu sagen: Auf den mir unterstellten Torpedobooten herrschen auch in diesen Tagen Ordnung und Disziplin! Meine Jungs haben sich seit Monaten im ständigen Osteinsatz bewährt. Sie sind auch jetzt ohne Murren bereit, dieses letzte Mal wieder loszufahren. Und nun tauchen Sie hier mit ihren zwei Räumbooten auf und stiften Unruhe durch solche Meutereigeschichte. Wir haben mit unseren T-Booten noch einen ehrenvollen Auftrag zu erfüllen, und das werden wir tun. Aber ich bin in keiner Weise geneigt, hier an Bord in letzter Minute die schmutzige Wäsche anderer Einheiten zu waschen! Ich meine, das müßten Sie als hochdekorierter Stabsoffizier eigentlich verstehen!" Der Kommandant, welcher bei diesem Wortwechsel zugegen ist, nickt zustimmend mit dem Kopf, während er – ganz unbewußt – ständig mit den Fingern auf die Back trommelt. „Genauso sehe ich es, Herr Kapitän", gibt er jetzt zu verstehen. Der Chef des Stabes wird ungehalten: „Natürlich verkenne ich Ihre Probleme nicht, aber hier geht es klipp und klar darum, daß ein Exempel statuiert werden muß, und zwar ohne Verzug! Wir sind es unserer Marine, unserem Volke und unserer Ehre schuldig, daß wir Unruhen, gleich welcher Art, im Keime ersticken! Kennen Sie nicht die Befehle, in denen immer wieder darauf hingewiesen wird, daß Ordnung und Disziplin mit allen Mitteln aufrechtzuerhalten sind? Nein, meine Herren! Der Makel der Novemberrevolution von 1918 soll dieses Mal keine Wiedergeburt erleben. Es ist unsere verdammte Pflicht und Schuldigkeit, dafür zu sorgen. Ich muß in meiner Eigenschaft als Chef des Stabes beim Admiral Östliche Ostsee darauf bestehen, daß die Befehlsverweigerer jetzt umgehend ihrer verdienten Strafe zugeführt werden!"

Der Flottillenchef hält es in dieser Situation nicht für angemessen, sich noch lange über Zuständigkeiten auseinanderzusetzen. Er denkt daran, daß Eile geboten ist, damit die Boote noch rechtzeitig vor dem Inkrafttreten der Gesamtkapitulation nach Hela kommen. „Daß die Leute für ihr aufrührerisches Verhalten zur Rechenschaft gezogen werden müssen, steht auch für mich außer Zweifel, Herr Kapitän. Da dies so ist, müssen wir die Sache wohl schnell hinter uns bringen." Dann fährt Hansen-Nootbaar, zum Kommandanten gewendet, fort: „Sie haben doch alle Vorschriften an Bord. Bitte lassen Sie die sofort herbringen. Wir müssen ja erst mal gemeinsam feststellen, was es da so alles zu veranlassen gibt. Mir sind zwar in den letzten Jahren genug Kugeln und Granaten um die Ohren geflogen, aber auf standrechtliche Erschießungen bin ich nun wirklich und wahrhaftig nicht spezialisiert!"

Schnell sind die geforderten Unterlagen verfügbar, und während Weinlig die in solchen Fällen anzuwendenden Paragraphen laut vorliest, gibt sein Flottillenchef sofort die erforderlichen Anweisungen. Vorsitzender des Standgerichts wird er selbst sein. Zum Verteidiger bestimmt er Kapitänleutnant Weinlig, zum Ankläger Kapitänleutnant Temming. „Dann brauchen wir

Verordnung über das militärische Strafverfahren im Kriege und bei besonderem Einsatz (Kriegsstrafverfahrensordnung KStVO)

mit den Änderungen und Ergänzungen der 2. bis 8. Durchführungsverordnung

(RGBl. 1939 I S. 1457 ff., 1477 ff., 2132 ff., 2264, 2267 f., 1940 I S. 787 ff., 1942 I S. 449 ff.)

Vom 14. August 1938.

§ 13

Der Notgerichtsstand des nächsterreichbaren Gerichtsherrn

(1) Wird eine dem Kriegsverfahren unterworfene Person einer Tat beschuldigt, deren Aburteilung aus zwingenden militärischen Gründen keinen Aufschub duldet, kann aber der zuständige Gerichtsherr nicht auf der Stelle erreicht werden, so übt dessen Befugnisse der nächsterreichbare Gerichtsherr aus. Das gilt nicht für Straftaten, für die nach § 14 das Reichskriegsgericht zuständig ist.

(2) Dem sonst zuständigen Gerichtsherrn (§ 12) ist das Veranlaßte alsbald zu melden; er kann das Verfahren jederzeit übernehmen.

§ 13 a

Standgerichte

(1) Der nächsterreichbare Kommandeur eines Regiments oder ein mit derselben Disziplinarstrafgewalt versehener Truppenbefehlshaber kann die Befugnisse des Gerichtsherrn ausüben, wenn

1. die Aburteilung aus zwingenden militärischen Gründen keinen Aufschub duldet,
2. ein Gerichtsherr nicht auf der Stelle erreicht werden kann und
3. die Zeugen oder andere Beweismittel sofort zur Verfügung stehen.

(2) Abs. 1 gilt nicht für Straftaten, für die nach § 14 das Reichskriegsgericht zuständig ist.

(3) Dem sonst zuständigen Gerichtsherrn (§ 12) ist das Veranlaßte alsbald zu melden; er kann das Verfahren jederzeit übernehmen.

noch drei Beisitzer: einen Offizier, das kann Oberleutnant Behrens machen, weiter einen Portepeeträger für den Oberfähnrich. Wen würden Sie da vorschlagen, Weinlig?" „Ich meine, Oberbootsmann Heinrichs wäre der richtige Mann", so lautet die Antwort. „Der hat eine gerade Dienstauffassung und kann, wenn es denn sein muß, auch hart durchgreifen." „Gut, setzen Sie ihn gleich in Kenntnis! Schließlich wäre noch ein Mannschaftsdienstgrad zu bestimmen für den angeklagten Obergefreiten des Räumbootes. Soweit ich hier feststellen kann, sollte der zur Besatzung des R-Bootes gehören", wendet sich Hansen-Nootbaar jetzt an den Chef des Stabes. „Könnten Sie das in die Hand nehmen, Herr Kapitän?" „Wird sofort veranlaßt", lautet dessen Antwort. „Und da wohl kaum etwas anderes dabei herauskommen dürfte, wollen wir hier auch gleich eine Entscheidung treffen über das erforderliche Erschießungskommando. Weinlig, veranlassen Sie bitte umgehend, daß von Ihrem und von Temmings Boot je 5 Portepeeunteroffiziere dafür ausgelost werden. Ich meine, daß eine besondere Vorauswahl hier nicht erforderlich sein wird, denn sie sind ja alle in Ordnung, die Jungen! Sorgen Sie dann auch gleich dafür, daß die Betreffenden Gewehre und Munition bekommen und daß sie einheitlich uniformiert sind! Ich denke, wir haben erst mal alles bedacht. Weitere Einzelheiten werden wir hier an Bord direkt vorbereiten. Um 22 Uhr treffen wir uns in der Offiziersmesse. Wenn es denn schon sein muß. Das Herüberführen der Angeklagten nehmen Sie in die Hand, Herr Kapitän?" „Selbstverständlich", antwortet der Chef des Stabes.

Erwartungen, Hoffnungen und böse Vorahnungen

Während wir mit unseren Räumbooten im Päckchen längsseits von T 28 liegen, herrscht an Bord ein kaum zu definierendes Klima, das zwischen Wut, Enttäuschung, Bedrückung und angespannter Erwartung einerseits sowie Hoffnung und ein wenig Freude über die Umkehr andererseits liegt. Überall bei uns haben sich in diesen spannungsgeladenen Minuten des Wartens Gruppen gebildet, in denen man über die jüngsten Geschehnisse diskutiert: „Wir werden es erleben", sagt Dahlhaus zum Obermaschinisten. „Die machen kurzen Prozeß mit diesen zwei Halunken. Meuterer sind schon zu allen Zeiten erschossen worden, und was anderes wird dem Wettermacher und dem Artmanns auch nicht passieren. Und danach werden wir doch noch mit dem Chef des Stabes nach Hela fahren. Sollst mal sehen, wie schnell das alles geht. Und eines kannst Du mir glauben: Niemand wird noch einmal versuchen, uns daran zu hindern!" „Womit Du sicher Recht hast, mein Lieber", gibt Obermaschinist Haack ihm zur Antwort.

Auf dem Achterdeck unseres Bootes stehen Weber, Meyer und Lehmann. „Wer weiß, wofür das gut ist", meint Weber. „Vielleicht haben die beiden uns alle sogar im letzten Moment noch vor dem Helden-Seemannstod bewahrt? Die Russen haben doch schon viele Häfen besetzt hier in der Ostsee. Die warten doch nur darauf, unsere kleinen, allein fahrenden Boote zur Sau zu machen mit ihren Schnellbooten und mit ihren Flugzeugen. Ein so großer Pott wie dieses Torpedoboot hier ist schneller als wir und hat bessere Waffen, um sich zu wehren. Aber wir – mit so wenig Munition?"

Wir stehen an der Reling, der Leutnant zur See von Moltke und ich. Reden über die Vorfälle und die Konsequenzen. Ich bin nach diesen Erlebnissen völlig zerschlagen, und von Moltke versucht nach besten Kräften, mich wieder aufzurichten: „Weißt Du, Hans, Du darfst Dich jetzt nicht mit Selbstbeschuldigungen quälen! Glaube mir: Auf meinem Boot ist die Stimmung nicht anders als bei Dir. So gesehen fiel mir – wenn Du es ehrlich hören willst – sogar ein großer Stein vom Herzen, als ich erkannte, daß Du den Kurs ändertest. Ich hatte ja ohnehin schon bei unserer Besprechung mit Kapitän Forstmann in aller Deutlichkeit meine Bedenken und Schwierigkeiten vorgetragen, wie Du weißt!"

Der Kontakt der Meuterer zu den übrigen Besatzungsmitgliedern soll vorsorglich unterbrochen werden. Deshalb hat der Chef des Stabes befohlen, diese bis zum Beginn der geplanten Standgerichtsverhandlung auf das längsseits vertäute, als zuverlässig geltende Boot R 412 abzuführen. Dort sitzen sie nun in der Last, streng bewacht durch zwei Posten, und reden sich ihre Ängste und Hoffnungen von der Seele. „Nun ist alles schiefgegangen, Herr Oberfähnrich", sagt Artmanns. „Wir hatten uns die unblutige Reise nach Schweden wohl doch zu einfach vorgestellt. Und jetzt können wir nur noch abwarten, was die mit uns machen werden. Ehrlich gesagt, ich fühle mich nicht ganz wohl in unserer Lage. Was meinen Sie? Ob man uns wohl erschießen wird?" Wettermacher hat nur halb zugehört. Ist mit sich selbst und mit seinen Möglichkeiten beschäftigt. Aber als er das Wort „erschießen" hört, da wird er plötzlich hellwach! „Nein, Artmanns, Sie ganz bestimmt nicht", so platzt es jetzt aus ihm heraus. „Wenn es schon jemandem an den Kragen geht, so bin ich es. Aber wir werden uns nicht so einfach mal schnell

T 28, Brückenaufbauten

Strafvollstreckungsvorschrift für die Wehrmacht

Todesstrafe

Vollzug durch Militärbehörden

17.

Zum Vollzug wird eine Abteilung von mindestens Zugstärke gestellt. Ob noch weitere ortsanwesende Truppen teilnehmen sollen, bestimmt der Gerichtsherr.

18.

Ein Offizier, tunlichst ein Stabsoffizier, leitet das Verfahren. Er bestimmt, wie der Verurteilte zum Richtplatz gebracht werden soll, ob er zu fesseln ist, und ob ihm demnächst die Augen verbunden werden sollen; er sorgt auch dafür, daß ihn tunlichst ein Geistlicher seines Bekenntnisses begleitet. Auf dem Richtplatz liest, während die Abteilung mit „Gewehr über" stillsteht, ein richterlicher Militärjustizbeamter oder, wenn keiner verfügbar ist, ein Offizier dem Verurteilten Urteilsformel und Bestätigungsverfügung vor.

19.

Nachdem danach dem Geistlichen gestattet worden ist, dem Verurteilten noch einmal zuzusprechen, führen zehn Mannschaften, die in zwei Gliedern fünf Schritte vom Verurteilten entfernt aufzustellen sind, das Urteil auf Kommando oder Wink aus. Ein Sanitätsoffizier stellt den Tod fest. Der richterliche Militärjustizbeamte oder sein Stellvertreter nimmt über den Vorgang eine Niederschrift auf, die er vollzieht.

21.

An Bord eines Kriegschiffs leitet der Kommandant das Verfahren. Der Verurteilte ist auf Deck an einem geeigneten Ort, den Umständen nach mit verbundenen Augen und gefesselt, aufzustellen und die Strafe dort an ihm zu vollziehen. Unmittelbar nach dem Tod ist die Leiche ins Meer zu versenken. Im übrigen sind, soweit die Verhältnisse es gestatten, die vorstehenden Bestimmungen über den Vollzug am Land anzuwenden.

abknallen lassen. Ohne Gerichtsverhandlung geht das ja sowieso nicht, und da weiß ich schon, was ich denen so alles zu sagen habe. Glauben Sie mir: Wir haben noch eine Chance. Wir dürfen uns noch nicht verlorengeben! Und wenn es mit mir tatsächlich doch schiefgehen sollte, dann grüßen Sie bitte meine Eltern und meine Schwester von mir und sagen Sie ihnen, daß ich fest davon überzeugt war, das Richtige zu tun!"

Nach seinem Gespräch mit mir drängt es Leutnant von Moltke, ein paar Worte mit den zwei Angeklagten zu wechseln. Und während er in die Last seines Bootes hinuntersteigt, vernimmt er die letzten Gesprächsfetzen. „Sie müssen jetzt Ruhe bewahren und ganz zuversichtlich sein", gibt er ihnen zu verstehen. „Ich glaube nicht, daß es überhaupt zu einer Verhandlung gegen Sie kommen wird, und ich bin ganz fest davon überzeugt, daß Sie nicht um Ihr Leben fürchten müssen. Niemand wird es nach der Westkapitulation und nach dem Niederholen der Flagge wagen, ein solches Urteil gegen Sie auszusprechen!" Doch da sind noch weitere Gedanken, die sein Innerstes bewegen, die er aber in diesem Moment nicht ausspricht: Sollte es dennoch zu einem Todesurteil kommen, so werde ich alles in meinen Kräften Stehende tun, um diese zwei Soldaten vor einer Vollstreckung zu bewahren!

Nicht lange währt es, da melden sich zwei bewaffnete Portepee-Unteroffiziere an Bord. Sie haben den Auftrag, die Angeklagten abzuholen. „Kommen Sie jetzt, es ist soweit", sagen sie zu ihnen. Leicht schwankend klettern sie an Deck, der Oberfähnrich und der Artmanns. Sie werden auf das Torpedoboot abgeführt.

Das Standgericht

Während ich unruhig an Oberdeck hin- und herlaufe in Erwartung der getroffenen Entscheidungen, erscheint der Chef des Stabes wieder bei uns an Bord, zitiert mich zu sich: „Constabel, um 22 Uhr findet eine Standgerichtsverhandlung gegen die Meuterer statt. Dazu müssen Sie von Ihrer Besatzung einen Mannschaftsdienstgrad als Beisitzer stellen. Teilen Sie einen guten Soldaten ab, der mit dafür sorgt, daß diese Übeltäter gleich ihre verdiente Strafe bekommen!"

„Jawohl, Herr Kapitän", so quittiere ich diesen Befehl, innerlich aufgewühlt. Ich hatte mir schon einige Gedanken in dieser Richtung gemacht, denn ich ahnte, daß eine derartige Entscheidung auf mich zukommen würde. Jetzt befehle ich: „Der Obergefreite Weber soll sich sofort bei mir melden!" Diesen kenne ich als einen ordentlichen Soldaten mit sehr viel Sinn für Gerechtigkeit und Zivilcourage. Und dann gibt es noch etwas, was ihn von den anderen Besatzungsmitgliedern unterscheidet: Weber war bereits in britischer Kriegsgefangenschaft. Da er Sanitäter ist, kam er aufgrund des Genfer Abkommens auf dem Austauschwege wieder zurück nach Deutschland.

Auf der durch Bordscheinwerfer beleuchteten Back des Torpedobootes stehen die beiden Angeklagten. Vor ihnen je ein Posten mit schußbereitem Gewehr. Dann die Angehörigen des Standgerichtes, der Chef des Stabes mit seinem Admiralstabsoffizier, wir Räumbootkommandanten sowie – etwas im Hintergrund – einige Soldaten der T-Boot-Besatzung. Unter ihnen, an der Steuerbordseite in Linie angetreten, zehn Portepee-Unteroffiziere unter Gewehr. Sie wurden ausgelost, halten sich für die erwartete Erschießung der Meuterer bereit.

Da die Aussage des Chefs des Stabes dem Standgericht bereits bekannt ist, werde ich, als Kommandant des betroffenen Bootes, zur Vernehmung in die Offiziersmesse befohlen. Kapitänleutnant Temming beginnt mit meiner Befragung: „Haben die Angeklagten Ihnen gegenüber die Ausführung des Befehls verweigert? Schildern Sie aus Ihrer Sicht, was sich bei Ihnen an Bord zugetragen hat!" In kurzen Worten berichte ich über die Ereignisse auf der Brücke und darüber, daß der Oberfähnrich gesagt hat: „Das ist Freischärlertum, denn wir haben die Kriegsflagge niedergeholt!" Jetzt fragt Kapitänleutnant Temming: „War ihnen bekannt, daß einige Ihrer Soldaten Pistolen hatten?" „Jawohl", antworte ich, „das wußte ich. Die haben sie sich vor einigen Tagen auf Hela von Heeressoldaten gegen Zigaretten eingetauscht. Meine Meinung dazu war: Es ist gut, wenn wir ein paar zusätzliche Waffen an Bord haben. Dann können wir uns wenigstens wehren, bevor die Russen uns nach Sibirien bringen!" Der Anklagevertreter hat keine Fragen mehr. Aber der Verteidiger, Kapitänleutnant Weinlig, meldet sich zu Wort: „Haben Sie mit Ihrer Besatzung schon vor dem heutigen Ereignis irgendwelche Schwierigkeiten gehabt?" „Nein, sie haben alle ihren Dienst getan. Auch im Fronteinsatz. Die Angeklagten bilden da keine Ausnahme." „Danke, das genügt."

Jetzt wird der Angeklagte Wettermacher verhört. „Geben Sie zu", so Kapitänleutnant Temming, „daß Sie sich gegenüber dem Chef des Stabes geweigert haben, an der befohlenen Fahrt nach Hela teilzunehmen?" „Ja, das stimmt!" Laut und selbstsicher gibt der Oberfähnrich diese Antwort. „Und aus welchem Grunde weigerten Sie sich?" Jetzt sprudelt es geradezu aus dem Oberfähnrich heraus wie bei einem Schauspieler, der seine guteinstudierte Rolle spielt. Alle Anwesenden spüren es: Er fühlt sich noch immer im Recht, hat sich genau überlegt, was er sagen wird: „Wir haben mit unserem Boot nach dem Inkrafttreten der Westkapitulation im Hafen von Kopenhagen gelegen. Und heute, um 16 Uhr, wurde auf Befehl des MOK Ost direkt vor der Einfahrt die Reichskriegsflagge niedergeholt. Also in dänischen Gewässern, wo nach den Waffenstillstandsbedingungen der Engländer alle Schiffsbewegungen untersagt sind. Nach meinem Rechtsempfinden war das Wiederauslaufen nach Hela ganz eindeutig illegal! Ich habe bis zum Schluß nach bestem Können meinen Dienst versehen, aber es widerspricht meinem Gewissen und meinem soldatischen Ehrgefühl, daß ich jetzt noch zu einem neuen Einsatz befohlen wurde. Das ist reines Freischärlertum. Aber ich bin als Soldat eingezogen worden und nicht als Freischärler!" „Und wer hat Sie über die eben von Ihnen geschilderte Rechtslage so genau informiert?" „Ich hatte dienstlich im Funkraum zu tun und kannte alle Vorgänge." Kapitänleutnant Temming macht eine kurze Pause. So, als müsse er das soeben Gehörte erst mal verdauen. Dann fährt er fort: „Daß Sie eine schußbereite Pistole griffbereit bei sich trugen, während Sie dem Chef des Stabes gegenüber die Befehlsverweigerung aussprachen, ist dem Standgericht bereits durch die Tatbestandsaufnahme bekannt. Ich will dies hier nur noch einmal feststellen. Haben Sie Ihre Erkenntnisse und Ansichten über das Wiederauslaufen nach Hela auch anderen Besatzungsmitgliedern mitgeteilt?" „Jawohl, das habe ich. Ich hielt dies sogar für meine Pflicht!" „Danke, ich habe keine weiteren Fragen", beendet der Anklagevertreter diese Vernehmung.

Da der Verteidiger auf eine weitere Vernehmung von Wettermacher verzichtet, wendet sich das Standgericht jetzt dem angeklagten Obergefreiten Artmanns zu. Es wird bestätigt, daß dieser ebenfalls eine schußbereite Pistole bei sich trug, als er sich während der Auseinandersetzung in unmittelbarer Nähe des Fregattenkapitäns Forstmann aufhielt. Schließlich richtet der Anklagevertreter noch eine letzte Frage an den Obergefreiten: „Hat der Oberfähnrich Ihnen gegenüber zum Ausdruck gebracht, daß er sich weigern würde, wieder nach Hela zu fahren?" Artmanns schaut ein wenig verunsichert zu Wettermacher hinüber. Dieser nickt leicht mit dem Kopf. Dann die Antwort: „Jawohl, er sagte, das sei Freischärlertum." Da keine weiteren Fragen mehr gestellt werden, befiehlt Korvettenkapitän Hansen-Nootbaar: „Das Standgericht zieht sich jetzt zur Beratung zurück." Ein leises, kaum vernehmbares Raunen geht durch die Gruppe der Versammelten.

Spannungsgeladene Erwartung liegt in der Luft, während mehrere englische Flugzeuge direkt über der Reede friedlich ihre Bahn ziehen. „Das dürfte wohl reichen", raunt der Chef des Stabes seinem ASTO zu. In den Reihen des ausgelosten Erschießungskommandos wird Unruhe spürbar. „Ob wir wohl gleich auf die beiden schießen müssen?" fragt Saar Martins. „Ich mußte ja schon oft genug auf Schiffe und Flugzeuge schießen. Aber dies hier . . . in unmittelbarer Nähe auf deutsche Menschen . . . Ich weiß überhaupt nicht, ob ich das fertigbringe." Jetzt meldet sich Ravens zu Wort, der diese Unterhaltung mit angehört hat: „Wißt Ihr, die werden sich ihre Entscheidung mit Sicherheit nicht leichtmachen, der Flottillenchef und die anderen. Für eine Erschießung werden sie sich nur dann entscheiden, wenn sie hundertprozentig von der Schuld dieser Leute überzeugt sind. So gut kennen wir sie doch inzwischen, unsere Kommandanten und den Flo-Chef! Ich bin noch gar nicht davon überzeugt, daß sie für das Todesurteil stimmen werden. Aber wenn das wirklich so kommen sollte, dann haben die beiden es auch nicht anders verdient. Dann sind wir es eben, die das gerechte Urteil vollstrecken müssen."

Wettermacher und Artmanns dürfen nicht miteinander reden. Aber in einem geeigneten Moment flüstert Artmanns dem Mitangeklagten zu: „Vielen Dank, Herr Oberfähnrich, daß Sie so gut gesprochen haben. Vielleicht läßt man uns ja doch noch am Leben?"

Die Angehörigen des Standgerichts sind in der Offiziersmesse des Torpedobootes versammelt. „Meine Herren", beginnt der Vorsitzende, „wir haben jetzt alle Tatsachen und Umstände kennengelernt. Ich hoffe, daß es gelingen wird, uns schnell und ohne Vorurteile auf ein gerechtes Urteil zu einigen. Ich möchte zunächst einmal an Sie alle die Frage richten, ob Sie – wie ich – der Meinung sind, daß die zwei Angeklagten auf jeden Fall bestraft werden müssen. Dies trifft, wie mir scheint, in besonderem Maße für den Oberfähnrich zu, welcher seinem Chef des Stabes gegenüber eindeutig Befehlsverweigerung begangen hat und – was er selbst zugab – auch andere Besatzungsangehörige in diesem Sinne beeinflußte." Da sich kein Widerspruch gegen seine Ausführungen erhebt, fährt Korvettenkapitän Hansen-Nootbaar fort: „Wir haben jetzt also nur darüber zu befinden, welche Strafe unter Berücksichtigung der soeben erfolgten Vernehmung angemessen und gerecht ist. Dabei muß ich Sie alle bitten, sich von Emotionen, ganz gleich welcher Art, freizumachen. Hier geht es um Leben oder Tod. Da brauchen wir einen klaren Kopf! Kapitänleutnant Temming, was haben Sie als Ankläger dazu zu sagen?" „Meine Herren, der Oberfähnrich hat zwar in langen Erörterungen versucht, sich reinzuwaschen oder sogar als Kämpfer für das Recht hinzustellen, aber das beeindruckt mich überhaupt nicht! Er hat selbst zugegeben, daß er sich weigerte, wieder mit nach Hela zu fahren. Auch hat er andere Kameraden über diese seine Weigerung informiert und sie dazu aufgewiegelt, es ihm gleichzutun. Und somit steht außer Zweifel, daß er ein Meuterer ist, der auch von seiner Waffe Gebrauch gemacht hätte, wäre er noch dazu gekommen. Ich beantrage daher bestimmungsgemäß die Todesstrafe sowie eine sofortige Exekution! Ob das gleiche Strafmaß auch gegen den Obergefreiten anzuwenden ist, wird nachher zu erörtern sein. Ich persönlich tendiere auch da für die Todesstrafe! Bedenken Sie: Er wollte schon durchladen!"

Einen Moment lang herrscht eine beklommene Stille. Man hört nur das Rauschen der Lüfter und das monotone Summen der Lichtmaschinen. Dann beginnt der Verteidiger: „Ich kann den Argumenten des Kapitänleutnants Temming in keiner Weise zustimmen. Ich bin zwar – wie wir alle – der Meinung, daß das Verhalten der Angeklagten bestraft werden muß. Allein schon um zu verhindern, daß in diesen entscheidenden Tagen derartige Erscheinungen um sich greifen. Aber wenn ich die ganzen Umstände dieses verzwickten Falles berücksichtige, dann sehe ich persönlich mich außerstande, einem Todesurteil zuzustimmen, auch nicht gegen den Oberfähnrich. Es ist uns allen doch klar, daß die zwei Räumboote in einem Gebiet lagen, in dem bereits kapituliert worden ist. Ob uns das nun paßt oder nicht! Fest steht auch, daß die Engländer alle Schiffsbewegungen in dänischen Gewässern untersagt haben und daß die Boote auf deutschen Befehl offiziell und in Ehren ihre Reichskriegsflaggen niedergeholt hatten. Ich muß daher mit allem Nachdruck bezweifeln, daß unter diesen besonderen Umständen die Standgerichtsvorschriften überhaupt noch anwendbar sind. Und wie ist denn eigentlich die Rechtslage nach der Kapitulation? Auf so was ist doch niemand von uns spezialisiert! Vielleicht gilt in den englisch besetzten Gebieten nur noch die englische Militärgerichtsbarkeit? Wir haben den Krieg ja nun leider mal verloren, und ob die Briten es nachher ungesühnt hinnehmen werden, wenn wir jetzt jemand exekutieren lassen, der sich für die strikte Einhaltung ihrer Kapitulationsbedingungen eingesetzt hat, das erscheint mir doch höchst zweifelhaft."

„Herr Kapitän, genau das wollte ich vorhin auch schon gesagt haben", mischt sich der Obergefreite Weber jetzt impulsiv in die Debatte ein. „Und Sie müssen mir glauben: Die Engländer würden es bestimmt erfahren!" „Wie stehen Sie zu der Angelegenheit?" fragt der Flottillenchef jetzt den Oberbootsmann Heinrichs. „Ich meine", so antwortet dieser, „daß die zwei Meuterer zu feige waren, ihr Leben noch einmal einzusetzen für die vielen Flüchtlinge und Soldaten, die auf Hela eingeschlossen sind. Bei uns an Bord murrt kein Mensch, obwohl wir wissen, daß wir nachher noch einmal losfahren müssen. Es wird Zeit, daß wir diese Sache hier zum Abschluß bringen, sonst werden unsere guten Leute auch noch unruhig!" „Und was halten Sie vom Strafmaß?" „Ja, Herr Kapitän, da bin ich jetzt ein wenig verunsichert. Zuerst kam für mich überhaupt nur die Todesstrafe in Frage, aber wenn ich die genauen Zusammenhänge so höre, dann kommen mir doch Zweifel."

Korvettenkapitän Hansen-Nootbaar faßt zusammen: „Kameraden, nachdem ich mir Ihre Ansichten angehört habe, läßt sich erst mal ganz schlicht und einfach feststellen, daß wir uns sehr schwer damit tun werden, hier ein einstimmiges Urteil zu fällen. Ich meine, daß es noch einen Aspekt gibt, über den wir nachzudenken haben. Angenommen den Fall, wir würden schließlich entscheiden ‚Tod durch Erschießen', haben Sie sich überhaupt einmal ausgemalt, wie das dann vor sich gehen wird?"

Gerade will er fortfahren, da springt Kapitänleutnant Weinlig – er hat die ganze Zeit über in zahlreichen, jetzt zu berücksichtigenden Verordnungen, Gesetzbüchern, Vorschriften und Kommentaren herumgeblättert – wie von einer Wespe gestochen hoch und meldet sich aufgeregt zu Wort: „Herr Kapitän, nach § 13a ist ein Standgericht nur dann legitim, wenn „nicht auf der Stelle ein Gerichtsherr erreicht werden kann". Aber da wir doch ganz in der Nähe von Kopenhagen liegen, wo es ein deutsches Kriegsgericht gibt, ist diese Voraussetzung in unserem Falle überhaupt nicht erfüllt! Ich sehe es so, daß die Angeklagten in Anwendung des § 19 dem zuständigen Gerichtsherrn zu überweisen sind! Sie müssen auf ihrem Räumboot unter Arrest gestellt werden und sind dann in Kopenhagen zur Durchführung des Verfahrens von Bord an Land zu kommandieren."

Ein Raunen, oder besser gesagt, ein Aufatmen geht durch den engen Raum. „Wie weit liegen wir denn überhaupt von Kopenhagen entfernt?" „Der Obersteuermann soll sofort raufkommen! Ich meine, daß wir erst mal eine Denkpause benötigen", sagt Korvettenkapitän Hansen-Nootbaar. Keine zwei Minuten vergehen, bis der Herbeibefohlene sich zur Stelle meldet, und nur wenig später wissen sie es ganz genau: Die Entfernung von ihrem Ankerplatz bis nach Kopenhagen beträgt 15,5 Seemeilen! Somit kann der nächste Gerichtsherr – gemäß einem Auslegungskommentar – noch „auf der Stelle erreicht werden"! Der komplizierende Umstand, daß das betreffende deutsche Kriegsgericht sich inzwischen seit etwa drei Tagen im britischen Machtbereich befindet, wird durch die Angehörigen des Standgerichts hier und heute nicht mit in die Überlegungen einbezogen. Alle sind vielmehr heilfroh und erleichtert, doch noch den Weg gefunden zu haben, der ihnen in dieser belastenden Konfliktsituation eine weise Lösungsmöglichkeit aufzeigt. Sie werden nicht genötigt sein, als Blutrichter zu fungieren. Aber dennoch können sie ein abschreckendes Exempel statuieren und somit allen Besatzungen eindringlich vor Augen führen, daß Disziplinlosigkeiten – gleich welcher Art – auch heute nicht hingenommen werden! Dies zu erreichen, erscheint ihnen am wichtigsten.

„Kameraden, ich muß hiermit offiziell feststellen, daß in diesem Falle aufgrund der bestehenden Vorschriften kein Standgericht einzuberufen ist, sondern daß die Zuständigkeit beim Kriegsgericht in Kopenhagen liegt. Ich entbinde Sie deshalb in aller Form von Ihrer Aufgabe. Allerdings müssen wir dieses Ergebnis vorher noch kurz formulieren, damit ich es draußen bekanntgeben kann!"

In unruhiger Erwartung stehen sie noch immer auf der Back des Torpedobootes: die Angeklagten, die Posten, die Zeugen, das Erschießungskommando und etliche Soldaten. Dann richten sich alle Blicke wie gebannt zum Steuerbord-Seitengang, von wo die Angehörigen des Standgerichts erscheinen. Totenstill ist es, als der Flottillenchef die Entscheidung verliest:

„Das Standgericht erklärt sich für nicht zuständig. Die zwei Angeklagten sind an Bord ihres Räumbootes unter Arrest zu stellen und dem in diesem Falle zuständigen Kriegsrichter in Kopenhagen zu überstellen!" In diesem Moment spürt man förmlich das erleichterte Aufatmen aller Anwesenden – an erster Stelle natürlich der Angeklagten! Aber wer ganz genau hinschaut, sieht hier und da auch ein verständnisloses Kopfschütteln!

„Jetzt nichts wie ab nach Hela", rufen die Angehörigen des Erschießungskommandos. „Gott sei Dank, daß uns diese Drecksarbeit erspart worden ist! Wir sind gute Soldaten, aber keine Henker!"

Nachdem dem Chef des Stabes durch den Leiter des Standgerichtes ein Kurzbericht übergeben wurde, zitiert er mich zu sich: „Sie haben selbst gehört, was zu veranlassen ist. Lassen Sie die zwei Halunken wieder auf Ihr Boot abführen und einsperren!" Ich bestätige diese Weisung. Dabei bewegen sich meine Empfindungen zwischen Enttäuschung und Zerschlagung wegen der Vorfälle bei mir an Bord einerseits, und andererseits Genugtuung darüber, daß es nicht zu einem Blutvergießen gekommen ist. Der Chef des Stabes fährt fort: „Ich werde mit meinem Begleiter auf das Torpedoboot übersteigen und nach Hela mitfahren. Lassen Sie unser Gepäck gleich rüberschaffen! Und noch etwas: Hier draußen auf Reede muß auch MX liegen. Gehen Sie dort gleich längsseits und melden Sie sich beim Kommandanten. Der hat auch Order, nach Hela zu laufen. Sie können sich anschließen." Danach werden wir mit unseren beiden Räumbooten entlassen.

Letzter Einsatz der Torpedoboote nach Hela

Korvettenkapitän Hansen-Nootbaar beeilt sich, mit seinen beiden Torpedobooten T 23 und T 28 den Marsch nach Hela anzutreten. Jene dramatische Verzögerung hat die Einsatzbereitschaft seiner Besatzungen in keiner Weise gefährdet. Im Gegenteil – sie sagen: „Nun erst recht!" Und auch kriegsrechtlich gesehen bestehen keinerlei Bedenken gegen diese letzte große Rettungstat. Der Ankerplatz, von dem aus sie den Seemarsch antreten, gehört nicht zum Teilkapitulationsbereich. Am Abend des 8. Mai treffen sie auf der Reede von Hela ein. Gemeinsam mit drei Zerstörern können sie noch mehrere tausend Menschen mitnehmen. Eines der letzten, noch gerade rechtzeitig vor dem Inkrafttreten der Gesamtkapitulation aus Hela auslaufenden Schiffe ist T 28 mit dem Flottillenchef an Bord. Im Kriegstagebuch dieses Bootes ist zu lesen:
„8. 5. 1945
18.40 h Hela Kriegshafen. Übernehme 1237 Soldaten.
21.30 h mit T 23 Rückmarsch angetreten."

Noch bevor die Torpedoboote das im Zuständigkeitsbereich der westlichen Siegermächte liegende Seegebiet erreicht haben, nimmt der Funker nach Mitternacht einen Funkspruch auf: „Sofort umkehren und Pillau anlaufen!" Erregt meldet er sich mit dieser Hiobsbotschaft bei seinem Flottillenchef. Der liest und sagt dann, zum Funker gewendet: „Haben Sie diesen Spruch erhalten?"

„Nein, Herr Kapitän!" lautet die Antwort. „Ich auch nicht", sagt Hansen-Nootbaar. Dann nimmt er das Stück Papier, zerreißt es und wirft es über Bord. Die Fahrt geht weiter. Endlich erreichen sie ohne weitere Zwischenfälle ihren Zielhafen. In allerletzter Minute wurden viele Menschen vor Not, Elend und Gefangenschaft bewahrt.

Nicht alle kamen heraus

Zu mitternächtlicher Stunde, nach dem Inkrafttreten der Gesamtkapitulation, sind immer noch rund 60 000 Soldaten und ein Rest Flüchtlinge auf Hela zurückgeblieben. Mit sehr gemischten Gefühlen sehen sie die letzten deutschen Schiffe am Horizont entschwinden! Einer von ihnen ist der Obergefreite Günther Krugmann von der Heeresartillerie („B 49"). Als die Russen im Morgengrauen des 9. Mai auftauchen, haben alle weisungsgemäß ihre Handfeuerwaffen vor den Bunkern niedergelegt. Und erst mal verläuft alles viel humaner, als sie es sich in ihren bangen Erwartungen vorgestellt haben: Zunächst tauchen bei ihnen russische „Soldatinnen" auf, Angehörige eines Frauenbataillons. Sie nehmen den Deutschen nichts weg, machen aber Tauschgeschäfte mit den ausgehungerten Landsern. Zum Beispiel: ein paar Schmalzbüchsen für eine Armbanduhr . . . „Ihr kommt jetzt bald wieder nach Hause", sagt man zu den Deutschen. Die Hela-Soldaten fühlen sich zunächst nicht als Kriegsgefangene, sondern als „Kapitulanten". Bekommen auch entsprechende, zweisprachige Eintragungen in ihre Soldbücher. Nach einigen Tagen müssen sie Hela räumen. Werden in Zwölferreihen durch Gotenhafen (jetzt wieder Gdynia) geführt und landen irgendwann in Deutsch-Eylau (Ostpreußen), wo man ihnen erzählt, sie würden nach Deutschland entlassen, zum Ernteeinsatz. Aber daraus wird nichts . . .

Man reißt die Gruppen nach und nach auseinander. Günther Krugmann landet schließlich in einem Holzfällerlager bei Minsk. Sie wohnen primitiv auf engstem Raum, hungern und müssen schwer arbeiten. Viele von ihnen sterben an Unterernährung und Erschöpfung. Günther Krugmann erkrankt schwer: Malaria! Das ist sein Glück im Unglück! Man entläßt ihn im September 1946 aus der Gefangenschaft, 16 Monate nach der Kapitulation. Viele seiner Hela-Kameraden müssen wesentlich länger auf diesen Tag warten, soweit sie die Gefangenschaft überstehen.

Der Gedankenaustausch mit dem älteren Kameraden

Zu den unzähligen Schiffen, welche in jener Nacht vom 7. zum 8. Mai auf dem Ankerplatz „Nanny“ südlich von Kopenhagen liegen, gehört „MX“ (Nummer und tatsächlicher Name des Kommandanten nicht mehr bekannt). Der Kommandant, nennen wir ihn Oberleutnant zur See Hoffmann, sitzt zusammen mit dem Wachoffizier in seiner Kammer. An Schlaf ist nicht zu denken. Sie haben harte, erlebnisreiche Tage hinter sich, und obendrein schwirren tausend Gedanken in ihren Köpfen herum. Heute erreichte sie die Nachricht, daß Generalfeldmarschall Jodl am 7. Mai um 2.41 Uhr die bedingungslose Kapitulation der deutschen Streitkräfte zu Lande, zu Wasser und in der Luft auf allen Kriegsschauplätzen unterzeichnete, wirksam am 9. Mai um 0 Uhr.

„Jetzt ist endgültig Feierabend“, hat Hoffmann zu seinen Offizieren und Portepeeunteroffizieren gesagt. „Eure Vorstellung, daß wir nun noch gemeinsam mit den Engländern und den Amis die Russen wieder rausschmeißen werden, könnt Ihr Euch in die Haare schmieren!“ Und die anderen haben untereinander gemeint: „Wenn der Alte das so sieht, dann wird es wohl so sein.“ Sie schätzen ihren Kommandanten und respektieren seine Ansichten. Er hat viel Lebenserfahrung. Ist Reservist, tüchtiger Seemann, von Zivilberuf Lotse. Um die Gemüter seiner Leute zu beruhigen, vielleicht auch ein wenig zu betäuben, hat Hoffmann einige Flaschen aus der „Schnapslast“ freigegeben für die Besatzung. Und Bier ist auch da. Jetzt, wo ohnehin kein Fronteinsatz mehr zu erwarten ist, sollen sie sich ruhig mal einen Kleinen genehmigen. Aber dennoch geht an Bord alles seinen geregelten, militärischen Gang: Die Ankerwache ist aufgezogen, und auf der Brücke steht – unter anderem – der wachhabende Signalgast, der Gefreite Foßgreen. Am Heck ihres Minensuchers weht noch immer, wie seit der Indienststellung, die deutsche Reichskriegsflagge. Für sie, hier außerhalb der Dreimeilenzone, gilt die Gesamtkapitulation. Und die tritt erst morgen zu mitternächtlicher Stunde in Kraft, nämlich in der Nacht vom 8. auf den 9. Mai. Die überwiegende Mehrheit der Besatzung dieses Minensuchers ist heilfroh, daß der Wahnsinnskrieg endlich vorbei ist. Was nachher kommen wird? Nun, man wird sehen. Die Hauptsache ist erst mal, daß man den ganzen Scheißkram gut überstanden hat. Einige Leute sind jedoch darunter, die – dem letzten Vermächtnis ihres „Führers“

entsprechend – den Willen haben, den Kampf gegen den „Weltfeind Nummer 1" fortzusetzen.

Der Signalgast des Minensuchers hat soeben einen Morsespruch erhalten: „Kommen längsseits". Es sind zwei Minenräumboote, wie er durch sein gutes Nachtfernglas erkennen kann. „Was wollen die denn wohl von uns, so mitten in der Nacht", denkt er. Dann flitzt er den Niedergang hinunter, macht seinem Kommandanten Meldung.

Kurze Zeit später: „Melde mich gehorsamst an Bord." Mit diesen Worten stehe ich in militärischer Haltung vor dem wesentlich älteren Oberleutnant. Dabei macht meine rechte Hand eine etwas unsichere Bewegung. Für die dänischen Gewässer, in denen ich ja mit meinem Boot die Flagge niederholen und kapitulieren mußte, gilt ja wieder das „Anlegen der Hand an die Kopfbedeckung". Und hier draußen, in internationalen Gewässern, noch der „Deutsche Gruß". Hoffmann spürt meine Verunsicherung und meint schmunzelnd: „Willkommen an Bord, Kamerad. Kommen Sie rein. Was führt Sie denn noch zu so später Stunde zu uns?"

„Ich soll mich auf Befehl des Chefs des Stabes beim Admiral Östliche Ostsee bei Ihnen melden. Soll mich Ihnen anschließen auf dem Marsch nach Hela!" „Sagen Sie das bitte noch einmal", so jetzt der Oberleutnant. „Daraus kann nun aber wirklich und wahrhaftig nichts werden. Erstens haben wir nicht mehr genug Treibstoff an Bord, und zweitens würden wir es sowieso gar nicht schaffen, rechtzeitig wieder aus Hela rauszukommen." Jetzt berichte ich über die Ereignisse auf meinem Boot, über die Meuterei. Oberleutnant Hoffmann hört sich alles in Ruhe an. Meint dann nur: „Wissen Sie, ich denke, daß Sie heute Nacht nichts mehr tun können. Und überhaupt: Wo wollen Sie denn in Kopenhagen diese Leute abliefern? Da sind doch längst die Engländer! Auch will mir scheinen, daß es jetzt, nach dem verlorenen Krieg, also im Frieden, kein deutsches Kriegsgericht mehr geben kann. Demnach müßten Sie die beiden wohl bei den Tommys abliefern. Und von denen kriegen die dann gleich einen Orden, weil sie die Einhaltung der Waffenstillstandsbedingungen gefordert haben."

An Deck des Minensuchers und der zwei Räumboote stehen etliche Besatzungsangehörige. Aufgeputscht durch die dramatischen Erlebnisse und Geschehnisse der vergangenen Stunden, haben sie viel miteinander zu bereden. Ja, es sprudelt nur so aus manchen von ihnen heraus. Lehmann, der Smutje, hat auf dem Minensucher seinen alten Kameraden Gerhard wiederentdeckt – sie hatten sich in der Rekrutenkompanie kennengelernt. „Mensch, Gerhard, bei uns war heute vielleicht was los, kann ich Dir sagen!" entfährt es ihm jetzt. „Stell' Dir vor: Wir hatten eine Meuterei an Bord, und eben gab es eine Standgerichtsverhandlung gegen zwei von der Besatzung! Wir hatten schon ganz fest damit gerechnet, daß man sie sofort abknallen würde. Jetzt sind sie unter Deck eingesperrt."

In Windeseile verbreitet sich diese Botschaft auf dem Minensucher, was bewirkt, daß die Besatzung mit einer individuell verschiedenen Mischung von Neugier, Staunen, Bewunderung und grenzenloser Verachtung auf die Räumboote hinunterschaut. Ich habe mich beim Kommandanten „Gehorsamst von Bord" gemeldet, jumpe wieder auf unser R 414 hinüber. Kaum bin ich dort angelangt, da höre ich vom Minensucher her den lauten Ruf: „Haut bloß ab, Ihr Verräter! Ihr habt die Flagge niedergeholt!" Dann sehe ich, wie der recht angetrunken wirkende Seemann einfach die Leinen meines Bootes losschmeißt. Da treiben wir mit unseren Minenräumbooten nun durch die nächtliche Dunkelheit. „Wir haben unsere Reichskriegsflagge befehlsgemäß und offiziell in Ehren niedergeholt", so denke ich. „Eine Flagge ist doch kein Fetzen Stoff, der nach Belieben herauf- und heruntergezogen werden kann!" Mit langsamer Fahrt bahnen wir uns den Weg durch die vielen hier versammelten Schiffe. Dann ankern wir, irgendwo, nicht weit voneinander entfernt.

Wir benötigen erst mal Ruhe – sehr viel Ruhe! Physisch und psychisch erschlagen versinken wir in einen tiefen Schlaf. Nur die Wachen drehen ihre Runden, auf der Brücke, an Oberdeck und in der Maschine – und ein Posten steht unter Gewehr vor der Arrestantenkammer.

Am nächsten Morgen – es ist längst taghell – erkennen wir erst genau, was auf der Reede los ist. Überall liegen die Zerstörer, Minensucher, Fracht- und Passagierschiffe jeder Art und Größe. Viele davon haben schwere Schlagseite, denn fast alle sind bis zum Umkippen beladen! Dicht gedrängt stehen an Bord Flüchtlinge, Soldaten, Männer, Frauen, Kinder. Wie die Heringe! „Nun schau Dir das an", sagt Obermaschinist Haack zu Dahlhaus, „aber diese armen Schweine nehmen das alles gerne in Kauf. Sind heilfroh, dem Iwan entwischt zu sein!"

„Da muß sofort etwas geschehen!“

So kann das nicht weitergehen“, stellt Fregattenkapitän Claussen fest. Er ist Flottillenchef und wohl der dienstälteste Offizier auf den Ankerliegern hier draußen außerhalb der Dreimeilenzone. Er nimmt Verbindung auf zu den Kommandanten und Kapitänen der anderen Fahrzeuge. Macht eine Bestandsaufnahme, um erst mal zu ermitteln, wo die Not am größten ist und wo noch Leute untergebracht werden können. Auch Verpflegungsengpässe werden registriert. „Hier muß gehandelt werden, und zwar sofort“, sagt Claussen schließlich. „Was wir jetzt dringend benötigen, sind kleinere Fahrzeuge für den Schiff-zu-Schiff-Transport der vielen Menschen. Die zwei R-Boote dort hinten würden sich gut eignen!“ Dann nimmt er sein Fernglas zur Hand und stellt fest: „Und Flüchtlinge sind dort auch nicht an Bord. Die wären geradezu ideal für unsere Zwecke!“ Zum Signalgast gewendet, fährt er fort: „Sehen Sie die Räumboote – längsseits von dem Minensucher? Geben Sie folgenden Signalspruch durch: „Von Ärger Karl: Bereithalten für Flüchtlingstransporte Schiff zu Schiff!“ „Spruch durchgegeben und verstanden“, meldet der Signalgast bereits nach kurzer Zeit. Er ist ein ausgesprochener Könner in seinem Fach.

Ein neuer Auftrag – Was nun?

Wir haben mit unseren Räumbooten längsseits eines Minensuchbootes festgemacht, besprechen mit dem Kommandanten die vergangenen Ereignisse und unsere Maßnahmen für die Zukunft. Da werden wir unterbrochen: Der Gefreite Lubrich von R 414 meldet sich bei mir, übergibt mir einen Zettel. „Herr Leutnant, wir haben eben diesen Spruch übermittelt bekommen. Er ist für beide Boote bestimmt.“ Ich lese die Mitteilung des „Ärger Karl“ laut vor und fahre fort: „Eine gottverdammte Sackgasse ist das, in der ich jetzt stecke! Nach Kopenhagen kann ich im Moment keinesfalls laufen, in diesem Kapitulationsdurcheinander. Aber ist es denn überhaupt vertretbar, gleich bei den Flüchtlingstransporten mitzumachen, während zur selben Zeit der Oberfähnrich und der Artmanns unten eingesperrt sind, mit einem bewaffneten Posten vor ihrer Kammertür? Und bei dem zu erwartenden Gewühl tauchen dann direkt daneben die vielen Flüchtlinge auf, mit Frauen und Kindern! Das muß man sich doch mal richtig vorstellen!" „Nein, so kann das unmöglich laufen, auf Ihrem kleinen Boot", gibt jetzt Wilhelms zu verstehen, der Kommandant des Minensuchers. „Obendrein meine ich, daß ein solcher Zustand jetzt zu erheblichen weiteren Spannungen führen wird und der Autorität nicht dienlich ist." „Wie wär's denn bei Ihnen an Bord?" wende ich sarkastisch ein. „Haben Sie nicht auch so eine Art von Arrestzelle? Vielleicht sollte ich auch mal hier auf Reede von Schiff zu Schiff herumfahren und nachfragen, ob jemand noch über freie, derartige Unterbringungsmöglichkeiten verfügt?" „Ich denke doch, Sie belieben zu scherzen, Herr Kamerad! Aber wisen Sie, was ich an Ihrer Stelle täte? Ich würde die Leute einfach wieder ihren Dienst verrichten lassen, jetzt, nach der Gesamtkapitulation! Deutschland ist nun mal mit Mann und Roß und Wagen geschlagen worden! Das scheinen einige Kameraden noch immer nicht begreifen zu wollen. Von jetzt an gilt einzig und allein das Recht der Sieger und sonst gar nichts. Eine ganz andere, aber letztendlich völlig bedeutungslose Frage ist, ob uns dies nun paßt oder nicht!" „Wie heißt es doch so schön im Kapitulationsbefehl?" mische ich mich jetzt ein, „Gehorsam und Disziplin sind mit eiserner Strenge aufrechtzuerhalten! Vielleicht müßte man am besten noch zwei oder drei andere Leute irgendwo unter Deck einsperren, und der Rest könnte sie dann bewachen", füge ich ironisch hinzu. „Aber nur solange, bis die Engländer unsere Waffen einkassiert haben", ergänzt von Moltke diesen Gedankengang.

Schließlich treffe ich meine Entscheidung: In dieser komplizierten, unüberschaubaren Situation kommt es einzig und allein darauf an, daß die Disziplin an Bord und die Einsatzbereitschaft unseres Bootes für friedliche Zwecke erhalten werden! Daher ist es zwingend geboten, daß die Inhaftierten jetzt freigelassen werden. Alle drei stimmen wir in dieser Lagebeurteilung überein. Dabei stützen wir uns insbesondere auf unseren normalen Menschenverstand und nicht auf irgendwelche militärischen Vorschriften, unter denen ohnehin keine zu finden sind für den Fall einer bedingungslosen Kapitulation.

Freilassung und Flüchtlingstransporte

Oberfähnrich Wettermacher und Obergefreiter Artmanns sollen sich sofort bei mir melden", sage ich zu einem der gerade in meiner Nähe stehenden Besatzungsmitglieder. „Der Posten kann abtreten." Kurz darauf stehen die Inhaftierten vor mir. „Ab sofort werden Sie an Bord wieder Ihren Dienst verrichten", eröffne ich ihnen. „Hier wird jetzt jeder Mann gebraucht. Ihre Bewachung ist aufgehoben. Aber machen Sie keinen Mist! Dafür erwarte ich Ihr Ehrenwort!" Es ist ganz unverkennbar, daß eine zentnerschwere Last von den zweien gefallen ist. Ein nur mühsam unterdrücktes, glückliches Lächeln huscht über ihre Gesichter. Ist das ein Wunder? Schließlich haben sie immer noch mit den Ängsten zu kämpfen, die sie befielen, als sie vor dem Standgericht standen! „Jawohl, Herr Leutnant", tönt es.

Sofort wird unsere Besatzung über diese Entscheidung informiert, und nur kurze Zeit danach sind wir mit unseren Räumbooten unterwegs, transportieren Flüchtlinge von einem Schiff zum anderen, hin und her, her und hin! Unsere Besatzungen gehen voll und ganz in dieser neuen Aufgabe auf. Sie sind heilfroh, wieder gebraucht zu werden, für eine wirklich sinnvolle Aufgabe. Die Männer helfen den armen Heimatlosen, wo sie nur können: reichen ihnen die Hand beim Übersteigen, nehmen ihr armseliges Gepäck wahr, stützen sie und lassen sie auch hinunter in ihre Unterkünfte, wenn dies angebracht erscheint. Mit ihren Eß- und Rauchwaren sind sie auch großzügig, denn sie merken, daß ihre Passagiere völlig ausgehungert sind. Mit innerer Genugtuung beobachte ich, daß auch der Oberfähnrich und Artmanns zu denjenigen gehören, die überall tüchtig mit zupacken, ohne dazu besonders aufgefordert zu sein. Als unsere Boote abends wieder im Päckchen nebeneinander vertäut sind, sage ich zu meinem Kameraden von Moltke: „Du, Heinz, jetzt weiß ich bestimmt, daß meine Entscheidung richtig war!"

Am darauffolgenden Morgen – wir schreiben inzwischen den 9. Mai – beginnt auf unseren R-Booten wieder der planmäßige Dienst. Es gibt allerhand zu tun, denn während der Hektik der vergangenen Tage mußte so einiges liegenbleiben, und es war unvermeidbar, daß die gestrigen Flüchtlingstransporte manche Spuren hinterließen. „Groß-Reinschiff" lautet daher der Befehl.

Und außerdem ist noch ein weiterer Auftrag auf uns zugekommen: Waffen und Munition sind für die Abgabe vorzubereiten! Doch dann, am späten

Der englische Kreuzer DIDO in Kopenhagen (9. Mai 1945)

Vormittag, erlischt bei allen plötzlich der Arbeitseifer. „Nun schaut Euch das an", ruft der Brückenposten voller Aufregung. „Da kommt doch ein ganzer Flottenverband! Und Deutsche sind es ganz bestimmt nicht! Das sind mit Sicherheit Engländer!" Alle blicken zu den Ankömmlingen hinüber, man reißt sich um die Ferngläser! Sechs Kriegsschiffe sind zu erkennen, zwei größere, wahrscheinlich Kreuzer, und vier kleinere, die wie Zerstörer aussehen. Schnell kommen sie näher. An ihren Masten weht, jetzt ganz klar erkennbar, die englische Kriegsflagge. Und überall sieht man die Soldaten der Besatzungen. „Wie aus dem Ei gepellt" sehen sie aus, wollen als würdige Befreier in Kopenhagen einlaufen! „Ist doch ein verdammt sonderbares Gefühl", sage ich. „Vor ein paar Tagen hätten wir uns noch befehlsgemäß gegenseitig umbringen müssen, und jetzt fahren die friedlich an uns vorbei, und wir gaffen einander nur neugierig an. Verrückte Welt!" Die Engländer nähern sich langsam dem Hafen, laufen ein und machen einer nach dem anderen fest. „Das muß an der Langen Linie sein", bemerkt Wettermacher. Er wirkt heute entspannter, wiegt sich natürlich voll und ganz in Sicherheit, nachdem die Engländer jetzt auch noch von See aus nach Kopenhagen gekommen sind.

Oben Mitte sind R 412 und R 414 erkennbar
Kopenhagen: PRINZ EUGEN bei der Abgabe von Munition und Ausrüstung (Mai 1945)

Nach der Kapitulation: Bewaffneter deutscher Posten und englische Soldaten (vorne) in Kopenhagen
Dänische Freiheitskämpfer vor deutschen Torpedobooten und Räumbooten

Seks engelske Krigsskibe ankret ved Langelinje

De engelske Marinere spredtes i Gaar over Byen, og paa Langelinje spillede et Skibsorkester om Eftermiddagen

DE første engelske Krigsskibe sejlede i Gaar ved Middagstid ind i Københavns Havn og ankrede ud for Langelinje Kl. 12,30. Det var et pragtfuldt Syn, to store britiske Krydsere *Birmingham* og *Dido*, fulgt af fire Destroyere. Birmingham er Flagskib i denne Flaade af engelske Krigsskibe og havde derfor den kommanderende Søofficer, Captain *H. W. Williams* om Bord.

En munter og ligefrem Mand, der straks sendte sine Marinere ud paa Besøg i København og lod Skibsorkestret spille op paa Langelinje-Molen til Fornøjelse og Gæde for Københavnerne.

Tusinder af Københavnere paa den frivgivne Langelinje

Samtidig med Krigsskibenes Ankomst til Københavns Havn var Adgangen til Langelinje blevet frigivet, og Københavnerne benyttede sig straks heraf. Næppe var det rygtedes rundt om i Byen, at de engelske Krigsskibe var kommet, før store Skarer af Københavnere drog ud til Langelinje, ligesom i Aarene efter forrige Krig, og da Skibsorkestret Kl. 16 spillede op, var der tæt af Mennesker paa Kajen. Saa tæt trængtes Københavnerne om dette Orkester, at Musikerne næppe kunde løfte deres Messing-Instrumenter, men de lo blot og morede sig kongeligt over denne stormende Velkomst, hvori de var ved at kvæles. Ikke alene Musikerne, men først og fremmest Marinerne, der skulde paa Landlov, blev omringet af glade Mennesker: ældre Folk tog dem i Haanden og sagde *Welcome*, unge Piger fløj dem om Halsen og kyssede dem paa Kinderne, Drenge og Smaapiger trængtes om dem og rakte Avtografbøger frem.

Marinerne dominerede Byen

Hen paa Eftermiddagen og i Aftes myldrede det af engelske Marinesoldater særlig op ad Strøget, paa Raadhuspladsen og i Tivoli, hvor de fleste af dem snart fandt hen. Det var som i de gode, gamle Dage under engelske Flaadebesøg, da Mænnerne fra Skibene fyldte op i Tivoli. De blonde og glade engelske Drenge rykkede nu ind i deres stramt siddende blaa Matrostøj og henrykkede os alle med deres muntre Ord og lystige Smil.

En dejlig Dag, og den fortsættes i Dag og i kommende Dage. Hver Eftermiddag Kl. 16 giver Krigsskibenes Orkester Koncert paa Langelinje. *Finn.*

Auszug aus der dänischen Zeitschrift POLITIKEN vom 10. Mai 1945

Im englisch besetzten Kopenhagen

Bald bekommen wir im Auftrage der Engländer die Genehmigung, in den Kopenhagener Hafen einzulaufen. Im sogenannten „Kronløbsbassinet" müssen wir festmachen, direkt hinter dem Schweren Kreuzer PRINZ EUGEN, wo wir schon vor dem Niederholen unserer Flagge lagen. An Land wimmelt es von Menschen. Unter ihnen viele Dänen, die ihre Befreiung feiern und die „Tyske Skibe“ endlich mal aus der Nähe betrachten wollen. Auch viele britische und kanadische Soldaten schlendern an unseren Booten vorbei, und etliche deutsche Flüchtlinge irren herum. Für unsere Besatzungen gibt es auch hier im Hafen so allerhand Arbeit: Das erste ist die schon vorbereitete Abgabe von Waffen und Munition. So allerlei Gewichte müssen da von Bord gewuchtet werden, und unsere Bootsrümpfe heben sich – auf diese Weise erleichtert – um einige Zentimeter aus dem Wasser. Eine Ausnahme gibt es allerdings in Sachen Waffen: Zur Aufrechterhaltung der Ordnung haben die Engländer uns für jeden Kommandanten eine Pistole zum Verbleib an Bord genehmigt, außerdem einige Maschinenpistolen für die Wachen.

Verpflegungsmäßig gesehen leiden wir hier in Kopenhagen keine Not. Wir haben noch reichlich Vorräte auf unseren Booten und sind obendrein dank der guten Beziehungen unseres Obermaschinisten Haack dabei, jede Menge Nachschub vom PRINZEN herüberzuschleppen. Wie gemunkelt wird, soll der Kreuzer demnächst bereits an die Sieger ausgeliefert werden. „Bevor die sich das alles unter den Nagel reißen, sollt Ihr es lieber kriegen“, haben uns die Kameraden von PRINZ EUGEN gesagt. Es ergibt sich, daß wir, wie die anderen, ab und zu auch mal ein paar Flüchtlinge an Bord lassen, sie zum Essen einladen und ihnen Proviant mitgeben.

Eine Gruppe von kanadischen Soldaten kommt bei herrlichem Wetter neugierig an unseren Booten vorbei. Sie wollen wohl diese Nazischiffe mal mit eigenen Augen betrachten, den bisherigen „bösen Feinden“ von Angesicht zu Angesicht gegenüberstehen. „Hello, boys!“ tönt es ihnen von R 412 entgegen. Erstaunt blicken sie zu unseren Booten herüber und ihr Erstaunen wächst noch mehr, als sie danach durch einen deutschen Marineoffizier in ein freundliches Gespräch verwickelt werden, in fließendem, fehlerfreien Englisch! Der da so mit ihnen redet, ist Leutnant zur See Graf von Moltke, der in den Vereinigten Staaten aufgewachsen ist und dort schon studierte. „Die Jungen machen ja gar keinen so schlechten Eindruck“, meint Heinz Kober, unser Funker. „Sind wahrscheinlich nicht blöder als wir. Vielleicht waren wir doch ein wenig zu größenwahnsinnig?“ Und was denken die Kanadier? „Sehen ja auch wie Menschen aus, diese Deutschen“, hat einer von ihnen gerade eben gesagt.

Der Oberfähnrich zur See Wettermacher und Artmanns versehen an Bord ihren Dienst wie alle anderen auch. Einige Besatzungsangehörige begegnen ihnen mit Zurückhaltung, vielleicht sogar mit Verachtung. Aber die überwiegende Mehrzahl lebt im Heute und ist darum bemüht, die unerfreulichen Stunden zwischen Krieg und Frieden aus dem Gedächtnis zu streichen. Einzelne sind darunter, die meinen: „Wenn die zwei diese Fahrt nicht verhindert hätten, dann lägen wir jetzt alle irgendwo auf dem Meeresgrund oder wären in russischer Gefangenschaft."

Abends, nach Dienstschluß, sucht Artmanns den Wettermacher auf. „Herr Oberfähnrich, haben Sie einen Moment Zeit für mich? Wissen Sie, ich mache mir da so meine Gedanken. Meinen Sie nicht, daß wir jetzt einfach abhauen sollten, irgendwo an Land untertauchen? Ich habe immer noch Angst, daß man uns eines Tages wieder einsperrt und noch vor ein Gericht stellt. Da wird ja soviel gemunkelt. Einige meinen, daß wir nun doch zusammen mit den Engländern und den Amerikanern gegen die Russen kämpfen sollen. Und der Bartels von 412 will gehört haben, daß man uns zum Minenräumen einsetzen will. Für so was wollen die doch keine Leute an Bord haben, wie wir es sind, keine Meuterer! Und dann gibt es noch etwas, was mich stört: Die Engländer haben ja sogar Waffen genehmigt für den Kommandanten und für die Wachen. Das sieht nun wirklich nicht danach aus, als ob jetzt endgültig Schluß ist!"

Wettermacher antwortet: „Wissen Sie, Artmanns, ich würde es einfach für feige halten, wenn wir hier jetzt wegliefen, und ich stehe auch heute noch zu dem, was wir getan haben. Außerdem sind hier überall die Engländer, und die werden nicht zulassen, daß man uns ein Haar krümmt! Wir haben uns ja schließlich dafür eingesetzt, daß die Kapitulationsbedingungen auch eingehalten wurden. Ich meine, daß wir die paar Tage bis zur Übergabe hier auf unserem Boot aushalten sollten. Da sind wir besser aufgehoben als mit falschen oder gar keinen Papieren auf irgendeinem überfüllten Flüchtlingsdampfer!"

Oft sitzen wir Räumbootkommandanten beisammen in einer unserer Kammern, sprechen die Ereignisse des Tages durch und überlegen gemeinsam, was zu veranlassen ist. Zu unserer 2. Räumbootflottille haben wir von hier aus keine Verbindungsmöglichkeiten. Die übrigen Boote werden – falls sie durchgekommen sind – irgendwo in Flensburg, Kiel, Eckernförde oder Schleswig gelandet sein, vermuten wir. Doch auch ohne Flottillenstab ist dafür gesorgt, daß der Bordbetrieb in geregelten Bahnen verläuft.

Noch zwei andere R-Boote liegen für einen Tag bei uns längsseits. Auch sie hat das Kriegsende nach Kopenhagen verschlagen. Die „Gast-Kommandanten" sind zu uns an Bord gekommen, und eine schöne Flasche Cognac – Marke „PRINZ" – gibt es auch! „Ein Scheißspiel war das mit dieser Meuterei und dem Standgericht, kann ich Euch sagen“, stelle ich mit gelöster Stimme fest.

„Nun reg Dich bloß ab, Kamerad“, bekomme ich zur Antwort. „Ist doch endgültig vorbei, dieser ganze ‚Heldenkampf‘. Wir werden jetzt nur noch das zu tun haben, was die Sieger von uns verlangen. ‚Wehe den Besiegten‘ sagte schon der alte Brennus bei der Einnahme Roms, und die Engländer haben ein wunderschönes Rezept, wie es weitergehen soll: ‚Make the best of it!‘ Und das werden und müssen wir tun. Glaubst Du, wir hätten diesen verdammten Krieg gewonnen, wenn Deine Leute noch nach Toresschluß abgeknallt worden wären? Was willst Du überhaupt? Der Laden läuft doch allerbestens hier bei Euch an Bord. Jedenfalls nicht schlechter als bei uns. Und Euer ‚Prinzen-Schnaps‘ schmeckt auch! In wenigen Tagen werden wir unsere Pötte nach Scapa Flow oder in irgendeinen englischen Hafen bringen. Anschließend wird man uns in die Gefangenschaft schicken, oder wir fangen bei uns zu Hause wieder von vorne an, als Toilettenmann oder so . . . Auf Euer Spezielles, meine Herren!“

„Du könntest ja auch mal kurz hier vorne bei den Engländern vorbeischeren und die fragen, ob sie Dir die Genehmigung geben, irgendwo in Kopenhagen einen deutschen Kriegsrichter zu suchen. Der wird dringend benötigt, um zwei Meuterer zu verknacken, die sich für die Einhaltung der königlich-britischen Waffenstillstandsbedingungen eingesetzt haben. Vielleicht stellen die Dir dann auch noch ein Begleitkommando für Deine zwei Spezies? Ist doch völlig absurd, das alles!“ Mit einem Gefühl der Erleichterung bricht es aus mir heraus: „Kameraden, Ihr habt voll und ganz recht. Und außerdem tun die beiden sowieso keiner Fliege mehr was zuleide. Die sind doch heilfroh, mit dem Leben davongekommen zu sein!“

Mitten in dieser erregten Unterhaltung steht einer von uns wie aus einer inneren Eingebung heraus auf und hebt mit gelöster Stimme an zu singen. Es ist ein uraltes Studentenlied, das in diesen Tagen auf vielen unserer Schiffe die Runde macht, mit verändertem Text und mit so einer Art von Galgenhumor:

„Oh alte Seemannsherrlichkeit, wohin bist Du entschwunden?
Wir zogen aus die ‚Blaue Garnitur‘
vom Seemann blieb nicht eine Spur. . .
Nur die Mütz’, die wir getragen,
erzählt von schöneren Tagen!“

Alle stimmen wir kräftig mit ein. Es klingt laut, wenn auch nicht gerade harmonisch. Das ist so eine Art von wehmütigem Schwanengesang. Der Abschied von dem, woran wir alle hängen, und was mit „Militarismus" absolut gar nichts zu tun hat! Es sind unsere Gedanken um das nahe bevorstehende Ende unserer ganz großen Liebe, die da S e e f a h r t heißt!

Wie es den anderen Booten der Flottille erging

Zum Zeitpunkt der dramatischen Ereignisse auf den beiden „Kopenhagen-Booten" liegt die Rest-Flottille weiter vor Hela. Denn bevor es auch für sie gen Westen gehen kann, ist noch ein Sonderauftrag zu erfüllen. Genau an der gleichen Stelle, an der im Jahre 1939 der Zweite Weltkrieg seinen Anfang nahm! Die Einfahrt von Neufahrwasser gegenüber der Westerplatte muß zur Sicherung der Absetzbewegungen vermint werden, damit der Hafen für die Russen unbrauchbar wird. In dunkler Nacht laufen sie mit dem Führerboot in die Einfahrt hinein. Als die Russen es schließlich merken und mit Leuchtgranaten schießen, sind bereits alle Minen gelegt! Unbehelligt gelangen sie mit hoher Fahrt zurück nach Hela-Reede.

Schließlich, am Abend des 8. Mai 1945, nur etwa 3 Stunden vor dem Inkrafttreten der Gesamtkapitulation, setzen auch sie sich mit Kurs Westen in Marsch. Sie begleiten das Führungsschiff der 9. Sicherungsdivision, die RUGARD, einen ehemaligen Bäderdampfer. Zahlreiche Soldaten und auch noch einige Flüchtlinge werden in letzter Minute an Bord eingeschifft. Alle sind heilfroh, noch gerade aus dieser Hölle herausgekommen zu sein.

Der Rückmarsch des kleinen Verbandes verläuft zunächst ohne Störungen. Als schließlich der Waffenstillstand in Kraft getreten ist, wähnt man sich bereits heil in einem westlichen Hafen. Doch kurz nachdem die Insel Bornholm passiert ist, tauchen vier russische Schnellboote auf, versuchen, ihnen den Weg abzuschneiden, kommen auf Rufweite heran und verlangen unter Gewaltandrohung die Umkehr und das Einlaufen in einen russisch besetzten Hafen. Aber das will keiner auf den Schiffen! Die Angst vor russischer Gefangenschaft ist bei der überwiegenden Mehrheit von ihnen größer als die Angst, sich in einem letzten Feuerwechsel dagegen zur Wehr zu setzen.

Obwohl ihnen dies nach den Waffenstillstandsbedingungen unter Androhung härtester Strafen verboten ist.

Als die Russen die RUGARD schließlich mit Bordwaffen und Torpedos angreifen, um ihre Forderung durchzusetzen, wird einfach gehandelt: Man schießt gezielt zurück. Eines der angreifenden Schnellboote bleibt brennend liegen. Die anderen nebeln sich ein, drehen dann ab. Doch sehr bald kommen die Russen mit Flugzeugen zurück. Sie greifen auch die Räumboote an. Aber auch die wehren sich, soweit ihre Geschütze noch einsatzbereit sind.

So gelangen sie doch noch unversehrt in den Westen und landen schließlich ohne größere Schäden in der Schleimündung, wo sie in der Nähe von Kappeln (Siseby heißt der kleine Ort) festmachen. Aber dies nicht ohne Unbehagen. Wird man sie zur Verantwortung ziehen, nach diesem waffenstillstandswidrigen „Seegefecht im Frieden?“ Doch es tut sich nichts seitens der Engländer. Weder heute noch an den darauffolgenden Tagen. Erleichtert beginnen die Besatzungen zu hoffen: Die Tommys werden uns nicht an die Russen ausliefern!

Eines Tages stehen sich der Chef des Stabes, Fregattenkapitän Forstmann, und der Flottillenchef unserer Flottille, Kapitänleutnant Merks, gegenüber. „Wissen Sie, was ich mit Ihren beiden Booten vor Kopenhagen erleben mußte, war die allerschwerste Enttäuschung während meines ganzen Soldatenlebens! Eine richtige Meuterei!“ Er überreicht Merks einen Zettel. „Hier, schauen Sie sich diese verdammte Schweinerei an! Das ist der Kurzbericht des Standgerichts! Und dann haben diese Halunken noch nicht einmal dafür büßen müssen! Sind wieder quietschvergnügt an Bord gebracht worden. Wer weiß, ob überhaupt noch eine Kriegsgerichtsverhandlung zustandegekommen ist? Sie müssen das schnellstmöglich abklären, Merks! Versuchen Sie, irgendwo Verbindung nach Kopenhagen zu bekommen. Ihre Flottille gehört auf jeden Fall wieder zusammen. Ich habe so was läuten hören, daß wir im Auftrag der Engländer mit einigen Verbänden im Minenräumdienst eingesetzt werden sollen. Das könnte ein guter Aufhänger sein, um von den Briten die Genehmigung für eine Verlegung Ihrer zwei Kopenhagen-Boote hierher zu bekommen!“

Reedelieger in der Flensburger Förde (Mai 1945)

Flensburger Begebenheiten

Hurra! Wir fahren wieder zur See!" So tönt es am Vormittag des 22. Mai mehrstimmig über unser Vordeck. Wir haben Order bekommen, nach Flensburg zu laufen mit unseren Räumbooten. Zusammen mit F 1, einem deutschen Geleitboot. Welches wunderschöne Erlebnis! Herrliches Maiwetter, bezaubernde Landschaften an der dänischen Küste. Sattgrüne Weiden und Bäume, weiße, gepflegte Häuser. „Ist das nicht wie mitten im Paradies?" höre ich Weber herausschmettern. „Vielleicht wird es ja doch irgendwie weitergehen", hoffe auch ich! Schon mit unseren Ferngläsern können wir in der Abenddämmerung erkennen, daß die Flensburger Förde knüppeldickevoll ist von Schiffen jeder Art! Überall liegen sie: auf Reede und an den Piers. Nicht nur deutsche, sondern auch einige englische Kriegsschiffe unterschiedlicher Typen. „Gott sei Dank, daß unser Pott so klein ist", meint Obermaat Gau. „Da braucht man ja bald einen Schuhanzieher, um einen Liegeplatz zu finden!" Doch den finden wir schließlich, im „T. S.-Hafen", wo wir unsere Boote längsseits von dem mit uns eingelaufenen Geleitboot festmachen.

In Flensburg herrscht straffe militärische Ordnung! Die Regierung Dönitz befindet sich noch im Amt, residiert mit Zustimmung der Siegermächte in Flensburg-Mürwik, in einer exterritorialen Zone. Alle dort befindlichen deutschen Offiziere und die Soldaten des Wachbataillons tragen noch Waffen. In diesem Bereich läuft der Dienstbetrieb auch zwei Wochen nach der Gesamtkapitulation fast so wie „in alten Zeiten"! Gleich nach dem Einlaufen wird uns zwei Räumbootkommandanten durch einen Läufer der „Dienststelle des Ältesten Seeoffiziers" ein ganzer Stoß von Papieren und Befehlen überbracht. „Unsere deutsche Perfektion hat den Krieg offenbar allerbestens überstanden", murmelt einer von uns vor sich hin. An was alles da so gedacht ist: Wasserübernahme, Proviantangelegenheiten, Bunkern, Waffen- und Munitionsabgabe, Passierscheine, ärztliche Betreuung . . . und . . . und . . . und! Doch urplötzlich stutze ich bei der Lektüre dieser unzähligen Reglementierungen: Da steht etwas über die „Aufrechterhaltung von Ordnung und Disziplin" – und dann – „Rat und Hilfe in kriegsgerichtlichen Angelegenheiten"! Wie aus heiterem Himmel fühle ich mich mit einem Schlage in zweierlei Hinsicht angesprochen: Erstens werde ich mir endgültig dessen bewußt, daß es im Gegensatz zu meinen bisherigen, auf normalem Menschenverstand beruhenden Vermutungen doch noch amtierende deutsche Kriegsgerichte gibt, und zweitens scheint sich mir jetzt eine Möglichkeit zu bieten, die mich

Blick auf die Flensburger Förde von Mürwik aus

und alle Beteiligten im Grunde genommen noch ständig belastende Meutereiangelegenheit endgültig zu den Akten legen zu können. Um dies umgehend zu erreichen, gehen Leutnant zur See von Moltke und ich am darauffolgenden Vormittag gemeinsam auf die GAZELLE, wo es einen Oberstabsrichter geben soll. Was wir erst später erfahren: Genau zur gleichen Zeit begibt sich unser Oberbefehlshaber, der Großadmiral Dönitz, weisungsgemäß auf die im Hafen liegende PATRIA, ein großes deutsches Passagierschiff, das durch die alliierte Kontrollkommission übernommen wurde, wo ihm seine und seiner Regierungsmitglieder Verhaftung eröffnet wird.

Unser Gespräch mit dem Oberstabsrichter verläuft in aller Offenheit. Nach eingehender Erörterung der Geschehnisse und der besonderen Umstände lautet das Fazit: So, wie die Dinge heute liegen, wird dieser Vorgang jetzt deutscherseits mit absoluter Sicherheit keine Bestrafung mehr nach sich ziehen. Aber im Interesse aller Beteiligten, also auch der zwei Meuterer, ist ein formaljuristischer Abschluß der Angelegenheit sinnvoll und notwendig. „Existiert denn kein schriftlicher Bericht des Standgerichtes über das seinerzeitige Verhandlungsergebnis?“ möchte der Oberstabsrichter wissen. „Nein, aber ich nehme an, daß der Chef des Stabes eine Unterlage bekommen hat“, antworte ich. „Wir mußten ja sofort nach der Verhandlung ablegen, weil das Torpedoboot noch nach Hela laufen wollte!“ „Nun gut“, meint der Richter. „Dann benötigt das Kriegsgericht erst mal eine schriftliche Meldung über die Vorgänge. In Anbetracht aller Umstände sollten die zwei Angeklagten auch weiterhin ihren Dienst an Bord versehen, so wie sie es nach der erfolgten Freilassung getan haben. Aber unabhängig davon ist es ehrenvoller für alle, wenn hier ein offizieller Schlußstrich gezogen wird!“ Das erscheint uns Kommandanten einleuchtend und angemessen. Mit Genugtuung kehren wir auf die Boote zurück. „Weißt Du“, sage ich zu von Moltke: „Ich finde es richtig, daß wir gleich dorthin gegangen sind. Jetzt zeichnet sich wenigstens eine Möglichkeit ab, diesen ganzen Ärger endgültig zu den Akten zu legen! Ich werde mich also gleich hinsetzen und die geforderte Meldung schreiben!“

Nachdem von Moltke auf sein eigenes Boot gegangen ist, lasse ich den Oberfähnrich Wettermacher zu mir kommen und informiere ihn kurz über mein Gespräch mit dem Oberstabsrichter sowie über meine Absichten. Anschließend setze ich mich an die Schreibmaschine und verfasse den seitens des Kriegsgerichts verlangten Schriftsatz.

Der Papierkrieg nimmt kein Ende hier in Flensburg. Weit mehr als vor der Kapitulation, stellen wir Kommandanten einmütig fest. Und auch mit vielen anderen Tätigkeiten sind die Besatzungen ausgelastet! Bald nach der Ankunft

Bekanntgabe der Festnahme der Regierung Dönitz (rechts) durch Offiziere der Siegermächte (23. Mai 1945 an Bord der PATRIA)

erscheint bei uns an Bord eine große britische Kontrollkommission, stellt viele Fragen und durchsucht unsere Boote vom Vorschiff bis zum Achterschiff. Schließlich ziehen sie wieder ab ohne besondere Beanstandungen. Als wir mit R 414 zur Brennstoffübernahme verholen, wird eine draußen vor Anker liegende britische Fregatte passiert. Der recht jugendlich wirkende Posten auf der Back des Tommys wird unruhig, schießt uns mit seiner Maschinenpistole eine Salve vor den Bug. Er scheint wohl zu denken, daß es sich hier um eine unerlaubte Schiffsbewegung handelt. Wir geben Zeichen, versuchen zu erklären. Ein britischer Offizier erscheint, wechselt ein paar Worte mit dem Posten. Dieser beruhigt sich, und damit ist der Friede wiederhergestellt.

„Das ist ja wohl die allerletzte Schweinerei!“

Die Besatzungen sind beim „Reinschiff“. Sie halten unsere Boote gut in Schuß. Ich stehe gerade an Oberdeck und bespreche mit dem Schmarting, was noch zu tun ist. In diesem Moment erscheint einer meiner Soldaten, ist noch ganz außer Atem, meldet: „Herr Leutnant, unser Flottillenchef kommt. Ich habe ihn gerade gesehen!“ Schnell hole ich meine Batteriepfeife hervor, pfeife und kommandiere dann lautstark: „Front nach Steuerbord!“ Die an Oberdeck beschäftigte Besatzung nimmt Haltung an, blickt auf unseren Flottillenchef. Ich begebe mich mit forschen Schritten dorthin: „Herr Kaleu, ich melde die Besatzung beim Reinschiff.“ „Ist schon gut. Sie können abpfeifen.“ Die Begrüßung ist frostig-kühl. Man spürt die bittere Enttäuschung, die der Vorgesetzte in diesem Moment empfindet. Er als verdienter, hochdekorierter Frontoffizier steht jetzt vor einem seiner Boote, auf dem sich eine Meuterei abgespielt hat. Diese Schmach nagt an ihm seit jener Begegnung mit dem Chef des Stabes. Ihm sind zwar die genauen Zusammenhänge nicht bekannt, aber allein die Begriffe „Meuterei“ und „Standgericht“ haben ausgereicht, um in seinem Inneren eine blinde Wut hervorzurufen. Jetzt sagt er zu mir: „Was sich auf Ihrem Boot in Kopenhagen abgespielt hat, ist ja wohl die allerletzte Schweinerei! Und wie mir berichtet wurde, haben Sie die zwei Kerle noch an Bord?“ „Jawohl, Herr Kaleu“. Ich möchte fortfahren, die Umstände und Ursachen erklären. Aber das Wort wird mir abgeschnitten. „Ich hoffe, daß Sie wenigstens noch ein paar vernünftige Soldaten an Bord haben, die dafür sorgen, daß diese Schweinehunde ihre verdiente Strafe bekommen! Das wär's, was ich Ihnen zu sagen habe.“ Er wendet sich ab. An Bord unserer Boote wird er nicht gehen. Mit Meuterern will er nichts zu tun haben! „Front nach Steuerbord“, quetsche ich mühsam heraus. Dann begebe ich mich, innerlich zerrissen, wieder auf mein Boot. Aber eines weiß ich mit absoluter Sicherheit: Diese „vernünftigen Leute“ für eine Art Selbstjustiz darf und will ich nicht suchen!

„May I ask your for help?“

Um die gleiche Zeit spielt sich auf R 414 etwas anderes ab: Der Oberfähnrich Wettermacher setzt sich mit Artmanns in Verbindung. „Sie sollen wissen, daß da irgend etwas im Busch ist. Der Kommandant hat mich angesprochen. Hat mir gesagt, daß er hier beim Kriegsgericht eine Meldung abgeben muß über unsere Kopenhagen-Sache. Der Richter soll wohl gemeint haben, das sei nur eine rein formale Angelegenheit.“ Artmanns reagiert mit nicht zu verkennender Bestürzung. „Habe ich es nicht damals schon gesagt, daß es besser gewesen wäre, einfach abzuhauen? Dann müssen wir jetzt eben sehen, daß wir schnell noch Leine ziehen!“ „Stellen Sie sich das nur nicht so leicht vor“, meint Wettermacher. „Sie wissen wie ich, daß hier alles bestens bewacht ist. Die lassen keine Menschenseele aus dem Hafen heraus, wenn dafür keine offizielle Genehmigung vorliegt. Das ist doch schon so eine Art großes Gefangenenlager.“ „Wissen Sie was, Herr Oberfähnrich? Ich würde mich, wenn es denn sein muß, lieber von den Engländern schnappen lassen und in ein Gefangenenlager gehen, als jetzt noch von irgendwelchen deutschen Fanatikern vor Gericht gestellt zu werden. Mir kommt das hier alles sehr komisch vor. Auch jetzt, nachdem der Großadmiral und seine Regierung durch die Engländer festgenommen worden sind, rennen unsere deutschen Kameraden noch überall mit diensteifriger Miene herum! Und nun heißt es auch noch, daß ein deutsches Kriegsgericht unseren Fall abschließen muß. Wenn die dem Leutnant auch zehnmal gesagt haben, das Ganze sei nur eine Formsache. Sie werden schon sehen, mit wieviel deutscher Gründlichkeit sich diese Herren daran aufgeilen werden. Nein! Wenn Sie mich fragen: Ich habe einfach Schiß, richtig Schiß!“ „Wir müssen einen kühlen Kopf bewahren und vor allen Dingen nicht durchdrehen“, entgegnet der Oberfähnrich dem Artmanns. „Sie haben Recht: Was dem Kommandanten da angeblich versprochen worden ist, reicht für unsere Sicherheit nicht aus. Und jetzt geht es für uns um die Wurst, wenn nicht gerade um Kopf und Kragen. Aber dieses Risiko werden wir nicht eingehen! Irgendwo muß Schluß sein mit dem deutschen Ehrgefühl. Abgesehen davon, daß viele uns dies sowieso schon abgesprochen haben. Ich werde mich gleich unter irgendeinem Vorwand von Bord melden und zu den Engländern gehen, sie um Schutz und Hilfe bitten.“

Zwei Stunden später sitzt er einem englischen Major gegenüber, dessen

Britische Boote und Besatzungen im Flensburger Hafen (Mai 1945)

Dienststelle nicht weit entfernt gelegen ist. „Sir, I am in danger. May I ask you for help?“ Der Engländer hört sich alles in Ruhe an. Holt einen Dolmetscher zu Hilfe, macht sich einige Notizen. Dann bemerkt er abschließend: „Don't worry about it! I will arrange your case!“

„Dieser Kerl hat kein Ehrgefühl“

Vier Tage sind bereits vergangen, seit die Regierung Dönitz verhaftet wurde. Aber auch heute noch läuft in Flensburg-Mürwik alles seinen geregelten, geordneten Gang – wenn man davon absieht, daß hier und da einmal Soldaten der Besatzungsmacht auftauchen. Ins Auge fallende Zusammenbruchserscheinungen sind jedenfalls nicht erkennbar. Wir zwei Kommandanten stehen an Oberdeck, unterhalten uns über die neuesten Ereignisse und sind gerade bei der Frage angelangt, wann denn nun die neuen britischen Besatzungen auftauchen werden und wir – nach Abgabe der Boote – in die Gefangenschaft abwandern müssen. „Lange kann das wohl nicht mehr dauern“, habe ich soeben festgestellt, da erscheint bei mir ein fremder Obermaat: „Herr Leutnant, ich soll Ihnen melden, daß Sie jetzt gleich wegen einer dringenden Besprechung zum Oberstabsrichter Burhorn kommen möchten! Er ist dort drüben im Gebäude 3, Zimmer 21, zu finden.“ „Der scheint ja allerhand um die Ohren zu haben, wenn er sogar sonntags Dienst tun muß“, vermute ich. Dann stapfe ich los, in Richtung Gebäude 3. Werde hineingerufen, mache mich mit dem neuen Oberstabsrichter bekannt. „Ja“, sagt dieser, „mir ist Ihr Fall zur weiteren Bearbeitung zugeleitet worden. Aber bevor wir ins Detail gehen, muß ich Sie erst mal über eine ganz große Schweinerei unterrichten! Stellen Sie sich vor: Dieser Oberfähnrich Wettermacher ist offensichtlich heimlich bei den Engländern gewesen und hat sich ihnen anvertraut. Gerade ist die Aufforderung an uns ergangen, den britischen Militärbehörden einen genauen Bericht über die ganze Angelegenheit zuzustellen!“ Er holt tief Luft: „Das muß man sich einmal vorstellen. Hat keinerlei Ehrgefühl, dieser Kerl!“ Ich beginne zu spüren, wie das Blut in meinen Adern kocht! Alles hatte ich erwartet – aber so was? Ist das etwa der Dank für meine Offenheit? Hatte ich nicht ehrlich gehofft, einen offiziellen Schlußstrich ziehen lassen zu können unter diese leidige Angelegenheit?

Vielleicht habe ich doch alles falsch gemacht? Zuerst diese Verachtung und unverhüllte Aufforderung zur Gewaltanwendung durch meinen Flottillenchef, und nun dies hier? Und wie wäre die Meuterei überhaupt ausgegangen, wenn der Chef des Stabes und sein ASTO nicht so blitzschnell reagiert hätten? Sie hatten doch beide schußbereite Waffen bei sich, der Oberfähnrich und der Artmanns! Womöglich hätten sie einfach losgeballert, und unsere Besatzung hätte sich gegenseitig umgebracht? In meiner maßlosen Enttäuschung und Ernüchterung registriere ich auf einmal nur noch die Umstände, die die Meuterer belasten! „Da die Burschen bei Ihnen an Bord so frei herumlaufen dürfen, ist dieses Ergebnis ja auch nicht verwunderlich", fährt der Oberstabsrichter jetzt fort. „Vielleicht mag Ihnen Ihre Entscheidung während der ersten Tage in Kopenhagen gerechtfertigt erschienen sein, aber Sie sehen ja, daß hier alles seinen geordneten Gang geht! Und ganz besonders jetzt, nach dem verlorenen Kriege, ist es für uns alle von entscheidender Bedeutung, daß Zusammenbruchserscheinungen im Stile des November 1918 im Keime erstickt werden. Also, Constabel, was von Ihnen jetzt zuallererst veranlaßt werden muß, ist die Wiederherstellung des Zustandes, welcher in der Nacht des 7. Mai durch das Standgericht angeordnet worden ist. Dabei handelt es sich um eine völlig legale Maßnahme, die wir auch den Engländern gegenüber jederzeit werden vertreten können. Auch sie legen nämlich allergrößten Wert darauf, daß es bei uns nicht drunter und drüber geht. Gestern war bei uns im Stab sogar schon die Rede davon, daß unsere Minensuchstreitkräfte in Kürze unter britischer Kontrolle zum Minenräumen eingesetzt werden sollen. Die weitere Bearbeitung Ihrer Angelegenheit wird dann ganz korrekt durch uns übernommen. Wie Ihnen wohl schon gesagt worden ist, dürfte es unter den gegebenen Umständen kaum noch zu einer Bestrafung kommen, aber die Leute müssen spüren, daß hier nicht jeder einfach das tun kann, was er gerne möchte. Und noch etwas: Es ist würdelos, sich an die ehemaligen Gegner heranzudrängen, hat unser Großadmiral nach der Kapitulation gesagt. Das gilt auch heute noch!"

„Und wo sollen die zwei Leute unter Arrest gestellt werden?" möchte ich wissen. „Nun, bei Ihnen an Bord, auf dem Räumboot", meint der Richter. „Aber wie stellen Sie sich denn das vor? Hier mitten im Hafen, wo es überall von Schiffen wimmelt, auch von englischen? Nein, ich halte das wirklich für völlig unmöglich auf unserem kleinen Boot. Und die Disziplin, die ich während der letzten Zeit habe aufrechterhalten können, wird dann mit Sicherheit völlig zusammenbrechen! Haben Sie denn nicht sonst irgendwo Arrestzellen?" „Nein", antwortet der Stabsrichter jetzt, „die sind längst alle überbe-

Deutsche Räumboote in Flensburg-Mürwik

legt. Wir haben hier auch ein Arrestantenschiff, aber das ist ebenfalls voll bis zum Stehkragen!“ Die Besprechung geht noch ein wenig hin und her. Schließlich meine ich resignierend: „Ja, dann bleibt mir wohl keine andere Wahl.“ Aufgeheizt durch diese Gespräche und durch die enttäuschenden neuen Erkenntnisse begebe ich mich wieder an Bord. „Der Oberfähnrich Wettermacher soll zu mir kommen“, befehle ich. Schnell meldet sich dieser zur Stelle. „Ich habe Ihnen mitzuteilen, daß Sie ab sofort wieder unter Arrest stehen“, so lege ich jetzt lautstark los, verliere dabei die Beherrschung. „Sie haben mein Vertrauen bitter enttäuscht! Sie sind zu den Engländern gegangen! Das ist ein verdammt unwürdiges Verhalten für einen angehenden Offizier, nein, eine Schweinerei ist das! . . . Und . . . und . . . und . . .!“ Ein Posten wird herbefohlen, dann wird die für über zwei Wochen unterbrochene Arreststrafe der Meuterer fortgesetzt. Wie lange wohl noch?

Natürlich ist diese von niemandem erwartete neue Situation der Hauptgesprächsstoff auf den beiden R-Booten. „Wer von uns hätte wohl geglaubt, daß wir die beiden hier noch drei Wochen nach Kriegsende einsperren und bewachen würden?“ meint Kober. Und wieder entbrennen überall heiße Diskussionen, so wie damals in Kopenhagen. Was so nach und nach zu vernarben schien, ist voll wieder aufgebrochen! „Ist das nicht völlig idiotisch?“ fragen die einen und „Das geschieht den Brüdern ganz recht“ meinen die anderen. Und einer ist darunter, der will den Oberfähnrich und den Artmanns nicht im Stich lassen: der Obergefreite Zaja. Er hatte ja damals bei der Meuterei schnell unerkannt untertauchen können, war nicht als Mitwisser entlarvt worden. Aber hier kann er was tun! Er wird dafür sorgen, daß die beiden recht bald wieder freikommen! Schon am darauffolgenden Tage benutzt er einen dienstlichen Auftrag dazu, schnell bei den Engländern vorbeizuscheren, ihnen mit Hilfe eines Dolmetschers zu erklären, was auf dem Minenräumboot geschehen ist.

29. Mai: Festnahme durch die Engländer

Wir sitzen gerade gemeinsam in der Kommandantenkammer, der Obermaschinist Haack, Oberfähnrich Ing. Dahlhaus und ich. Es ist Frühstückszeit. Da hören wir immer lauter werdende Motorengeräusche. Es quietscht an der Bordwand, bumst ein wenig. Ein Boot hat längsseits festgemacht. Schritte kommen näher. Der Oberdecksposten erscheint. Er meldet: „Herr Leutnant, Sie sollen sofort an Oberdeck kommen! Ein englisches Motorboot hat eben angelegt. Die wollen was von Ihnen!“ Immer mehr Schritte hören wir an Deck. Ich begebe mich nach oben, durch den engen Niedergang. Dort stehen sie: zwei Offiziere, ein Dolmetscher, ein Unteroffizier und mehrere Soldaten. Alle sind bis an die Zähne bewaffnet! „Lassen Sie sofort die gesamte Besatzung hier antreten!“ wird mir durch den Dolmetscher der Befehl des dienstältesten britischen Offiziers übersetzt.

Im Nu ist das soweit. Da steht unsere Besatzung von R 414, wird auf jeder Seite durch zwei englische Posten mit Maschinenpistolen bewacht! Auch Wettermacher und Artmanns sind heraufgeholt worden. Einen Vertreter soll ich bestimmen. Ich zeige auf Obermaat Gau. Er ist der Dienstgradhöchste seemännische Unteroffizier nach dem Oberfähnrich. „Sie haben die Befehle der Besatzungsarmee auszuführen, sonst passiert etwas anderes mit Ihnen“, so übersetzt jetzt der Dolmetscher. Dann stoßen die Tommys mich recht unsanft auf ihr Motorboot, brausen mit mir ab in Richtung Flensburger Innenhafen. Von dort aus führen sie mich zum Polizeigefängnis. Drei schwerbewaffnete Soldaten begleiten mich: einer an jeder Seite und einer dahinter. Schließlich lande ich in einer kleinen Zelle mit Tisch, Stuhl und

Bett. Die Eisentür wird zugeschlagen. Ich höre das Klirren des Schlüssels, dann bin ich allein. Die Rollen sind vertauscht: Während ich auf „Nummer Sicher“ sitze, können Wettermacher und Artmanns sich wieder der Freiheit erfreuen!

Neue Aufgaben zeichnen sich für die Flottille ab

Während sich dies alles abspielt, ist in London eine Institution gegründet worden, die die Koordinierung einer der ersten, wichtigen Nachkriegsaufgaben sicherstellen soll: das International Mine Clearance Board. Es geht darum, daß die vielen, während des Zweiten Weltkrieges durch die kriegführenden Staaten in europäischen Gewässern gelegten Minen und Sperrschutzmittel auf schnellstem Wege geräumt werden müssen – im Interesse aller seefahrenden Nationen. 616 000 Stück sollen es insgesamt sein! Auf der Grundlage des Artikels 7 der Kapitulationsurkunde sollen deutsche Minenräumverbände unter alliierter Aufsicht für diese Aufgaben eingesetzt werden, und zwar an der deutschen Nordseeküste, der niederländischen Küste, der dänischen Westküste, im Skagerrak, Kattegat, dem Sund, den Belten, in norwegischen Gewässern sowie in der westlichen Ostsee. Eine gewaltige, für den friedlichen Wiederaufbau aber unbedingt notwendige Aufgabe.

Schon frühzeitig nehmen die Sieger unter der Federführung des britischen Admirals Faulkner (Allied Naval Commander in Chief Expeditionary Force) Verbindung auf zu den maßgeblichen deutschen Marineoffizieren und setzen diese über die erforderliche Aufstellung deutscher Minenräumeinheiten unter alliierter Kontrolle in Kenntnis. Die Besprechungen laufen auch weiter, nachdem die Regierung Dönitz verhaftet worden ist, und am 7. Juni 1945 ergeht der Befehl an die deutsche Marine, das zentrale Oberkommando beizubehalten für die Verwaltung und Erhaltung der deutschen Marineeinheiten und Marinewerften, welche unter alliierter Kontrolle arbeiten. Es soll schon in allernächster Zeit mit dem Freiräumen der Gewässer begonnen werden! Wie sich schnell herumspricht, werden die einzelnen Flottillen durchweg zusammenbleiben. Auch Kapitänleutnant Merks, der mit dem Gros unserer Flottille in der Schleimündung liegt, ist bereits über die Ergebnisse dieser deutsch-englischen Besprechungen informiert worden. „Meine Herren", sagt er während des „Wachbootkaffees" zu seinen Kommandanten, „wir werden zwar nicht wieder gegen die Iwans in See stechen, aber nach Hause kommen wir auch noch nicht. Hab' ich es nicht immer gesagt? Die brauchen uns noch, die Tommys! Sind doch nicht so blöd und lassen ihre eigenen Minensucher in die Luft fliegen, wenn der ganze Mist weggeräumt werden muß. Nein, für diese Arbeit greifen sie schön auf die Jerrys zurück! Ich habe bereits die Weisung bekommen, daß wir umgehend mit der Überprüfung und Überholung unserer Räumgeräte beginnen sollen, und daß wir für einen erstklassigen, seeklaren Zustand unserer Boote verantwortlich sind. Aber tröstet Euch, Kameraden, dafür wandern wir jetzt wenigstens nicht ab in irgendein Gefangenenlager. Wir gelten zwar auch hier als Kriegsgefangene, aber es scheint so, als wollte man uns als Ausgleich für diese Himmelfahrtsarbeit doch so einige Freiheiten einräumen. Sogar über Urlaub soll geredet worden sein. Aber das hat wohl noch etwas Zeit. Jedenfalls wissen wir jetzt, wo es langgeht und was wir zu tun haben. Und irgendwie wird es ja vielleicht auch mal uns Deutschen zugute kommen, wenn die Minen alle weg sind." „Na, dann prost, Kameraden!" meint der VO (Verwaltungsoffizier). „Ich erlaube mir, dieses Glas auf ein gutes Gelingen zu erheben, Herr Kaleu." „Das war ein Wort", entgegnet der Flottillenchef. „Ja, VO, wenn wir Sie nicht hätten, säßen wir alle jetzt ganz schön auf dem Trockenen. Und wie die Dinge liegen, werden Sie demnächst in diesem Theater hoffentlich Nachschub heranschaffen können. Wie wär's denn mit schottischem Whisky oder mit Wodka?" Schallendes Gelächter!

„War ja nicht von schlechten Eltern, diese Feuerwassereinlage", fährt der Chef jetzt fort. „Aber da ist noch etwas, was ich Ihnen sagen muß. Schauen Sie sich Ihre Leute genau an und überlegen Sie sich, wen Sie lieber an Land jagen möchten! Denken Sie immer daran: Wir wollen uns nicht durch so ein paar Quertreiber alles durcheinanderbringen lassen. Deshalb ist es besser, mal einen zuviel abzuschieben, als nachher einen Saustall zu haben. Ordnung und Disziplin müssen nun mal sein. Also melden Sie rechtzeitig, wenn solche Typen bei Ihnen an Bord sind. Wir werden dafür sorgen, daß diese Leute in die Gefangenschaft abwandern. Und gute Ersatzleute sind ohne größere Schwierigkeiten zu bekommen. Da machen Sie sich keine Sorgen!" „Herr Kaleu, wie sieht es eigentlich in dieser Beziehung mit unseren beiden Meutererbooten aus? Da gibt es doch sicher auch noch so einiges zu veranlassen?" fragt Oberleutnant Honold. „Ja, darauf wollte ich noch kommen. Zwei Maßnahmen habe ich ins Auge gefaßt: Erst mal müssen wir sehen, daß wir

In Siseby: Der Flottillenchef mit einigen seiner Kommandanten –
Drei Räumboote der „2. R."

wieder recht bald zusammengelegt werden mit unseren acht Booten, und zum anderen werde ich dort gründlich aufräumen, darauf können Sie sich verlassen. Ich denke überhaupt nicht daran, mit feigen Meuterern zur See zu fahren, und wenn ich sie alle von Bord jagen muß." Zustimmendes Kopfnikken rundherum. Der offizielle Teil des Wachbootkaffees scheint beendet. Aber der Oberleutnant Weigand hat noch etwas auf dem Herzen. „Ja, was ist denn, Flo-Ing.?" fragt Merks. Mit verschmitztem Lächeln entgegnet der so Angesprochene: „Herr Kaleu, da wäre noch das Problem mit dem Leuchtturmwärter von Helgoland, das mir Schwierigkeiten bereitet . . . Ich komme doch einfach nicht auf den Namen!" „Na, dann prost, Kameraden, wenn Ihnen mit dieser Auskunft gedient ist."

Wir brauchen einen neuen Kommandanten!

Meine Verhaftung in Flensburg hat auf beiden Räumbooten Unsicherheit und Betroffenheit ausgelöst, in Einzelfällen auch eine Art von Schadenfreude. Oberfähnrich Wettermacher und Artmanns stehen unter englischem Schutz, sind mit ihren Klamotten von Bord gegangen. Obermaat Gau, der ja durch mich vor meiner Abführung die Dienstaufsicht übertragen bekommen hat, begibt sich umgehend zum Nachbarboot, zu Leutnant zur See von Moltke. „Herr Leutnant, so kann das doch nicht gehen. Wir brauchen auf jeden Fall ganz schnell einen neuen Kommandanten. Wer weiß, wann der andere wiederkommt. Den werden die Tommys wohl erst mal eine Weile brummen lassen! Ich gebe ja mein Bestes, aber für längere Zeit läuft das auf keinen Fall so!" „Nun beruhigen Sie sich", meint von Moltke. „Wenn Sie irgendwelche Schwierigkeiten haben, dann werde ich Ihnen jederzeit unter die Arme greifen. Und zuallererst wollen wir gleich gemeinsam das Nötige veranlassen, um einen Ersatz-Kommandanten heranzukriegen. Aber bis der da ist, habe ich absolut keine Bedenken. Kann ja selbst sehen, daß auf dem Boot alles seinen geregelten Gang geht, und der Obermaschinist Haack ist ja schließlich auch ein erfahrener Portepeeunteroffizier!"

Im englischen Militärgefängnis

Mittlerweile hat man mich in ein anderes, unter britischer Kontrolle stehendes Gefängnis verlegt – in das Flensburger Landgerichtsgefängnis. Ich werde des öfteren verlegt, von einer Zelle in die andere. Jetzt kampieren wir dort mit etwa zwanzig Inhaftierten auf Strohsäcken, dicht an dicht. Ein sogenannter „Kübel" steht in der Ecke, zur Verrichtung der Notdurft. „Stinkt wie ein Sack voller Arschlöcher", sagt gerade einer der Leidensgenossen. Die meisten von uns sind Offiziere aller Dienstgrade und Waffengattungen. Ein Parteifunktionär ist auch dabei, aber der wird schnell wieder abgeschoben. Auf dem von hohen Mauern umgebenen Gefängnishof marschieren wir täglich im Kreise herum, hübsch brav hintereinander. Eine halbe Stunde rechtsherum, eine halbe Stunde linksherum! Die Wachtmeister brüllen. Versuchen, sich dabei gegenseitig zu übertreffen. „Halten Sie den Mund!" – „Gehen Sie gefälligst auf Abstand!" – „Vordermann!" – „Sie als Offiziere sollten das doch eigentlich wissen!"

„Die können den Engländern gar nicht schnell genug in den Hintern kriechen, diese Eiferer", meint Major Großbach.

„Und wenn sie morgen eine rote Fahne auftauchen sehen, dann heben sie die geballten Fäuste und kommen sich obendrein noch ganz wichtig vor!"

Von meiner Besatzung habe ich auch Nachricht bekommen. Zusammen mit meinem jetzt in der Gefängniskleiderkammer aufbewahrten Gepäck haben sie mir zwei leckere Kommißbrote, ein paar Konserven und sogar eine Schachtel Zigaretten geschickt, zur (brüderlich geteilten) Aufbesserung der kargen Gefängnisrationen. Ein paar Wochen nach meiner Festnahme erfahre ich schließlich, was die Engländer mir vorwerfen:

„1. Einleitung oder Durchführung einer Disziplinarmaßnahme gegen eine Person wegen ihres Zusammenarbeitens mit der Militärregierung

2. Verhalten, das gegen die Interessen der alliierten Streitkräfte verstößt."

Ich werde mich noch ein wenig gedulden müssen, bis ich meinen Richtern vorgeführt werde!

Legal Form No. 7.

9.

MILITARY GOVERNMENT COURT
MILITÄRGERICHT

Commitment on Reference to Higher Court
Einlieferungsbefehl bei Verweisung der Strafsache an eine höhere Instanz

To the officer in charge of / An den Leiter der(s) Flensburg * Prison / Strafanstalt / ~~* Camp~~ / ~~Lager~~

Whereas the Accused / Der Angeklagte CONSTABEL, Hans

* Verweisung an höheres Gericht nach meiner 1. Verhandlung bitte aufbewahren

has been charged with the offence of
ist wegen der folgenden strafbaren Handlung angeklagt worden.

English	Deutsch
1. Initiating or carrying out disciplinary measure against a person for co-operating with the Allied Forces or the Mil Gov - Ord. 1, Art.2, Sect.42	1. Einleitung oder Durchführung einer Disziplinarmassnahme gegen eine Person wegen ihres Zusammenarbeitens mit den allierten Streitkräften oder der Militärregierung, Verordn. 1, Art. 2, Abs. 42
2. Acts to the prejudice of the Allied Forces, - Ord. 1. Art.2, Sect.43.	2. Verhaltung, das gegen die Interessen der allierten Streitkräfte verstösst, - Verordn. 1, Art. 1, Abs. 43

and has been brought before a * (Summary / ~~Intermediate~~) Military Court which has ordered the
Die Verhandlung hat vor dem Einfachen Militärgericht stattgefunden und wurde

said charges to be referred for trial to the * (Intermediate / General Military Court.
an das (Mittlere / Obere Militärgericht verwiesen.

Now, therefore, you are hereby authorised to receive the above named prisoner into
Sie werden daher ermächtigt den Angeklagten in die Strafanstalt aufzunehmen
Lager

your custody and to detain him until further order of competent military authority.
bis eine weitere Anordnung der zuständigen Militärbehörde erfolgen wird.

[signature] 4.

(Presiding Officer)
(Vorsitzender)

* Summary Military Court
Militärgericht
~~* Intermediate Military Court~~
~~Mittleres Militärgericht~~

Landgericht Flensburg.
(Address of Court)
(Anschrift des Gerichtes).

* Strike out words not applicable.
Nichtzutreffendes ist durchzustreichen.

GMD/212.

Der Entschluß des Flottillenchefs

Der Flottillenchef, Kapitänleutnant Merks, hat inzwischen erfahren, was sich auf seinem Flensburger Boot zugetragen hat. „Ist doch eine einzige Schweinerei“, meint er. „Mir scheint, daß der ganze Verein verseucht ist. Dieser Dreckskerl von Wettermacher muß die wohl alle angesteckt haben. Und soviel man mir berichtet hat, sieht es bei von Moltke an Bord auch nicht viel anders aus. Aber ich habe auch eine gute Nachricht für Sie, meine Herren“, sagt der Chef dann zu den um ihn versammelten Kommandanten. „Übermorgen verlegen wir nach Flensburg. Die englische Genehmigung liegt bereits vor. Und wissen Sie, was wir dort zuallererst tun werden? Wir werden dieses Wespennest innerhalb von wenigen Stunden ausräuchern. Restlos ausräuchern! Ich habe weder Lust noch Zeit, die Leute noch lange einzeln zu überprüfen und zu befragen. Täte ich das, wären wir ja eine ganze Woche lang damit beschäftigt. Die sollen schlicht und einfach in die Gefangenschaft abwandern, und damit basta! Und den von Moltke schicke ich bei dieser Gelegenheit auch gleich mit nach Hause. Ich habe bereits neue Leute angefordert für die Boote. Das war absolut kein Problem. Es gibt mehr als genug Kameraden, die sowieso nicht recht wissen, wie es jetzt weitergehen soll oder die kein Zuhause mehr haben. Was glauben Sie wohl, wie die sich freuen, wenn sie wieder ein Bordkommando kriegen!“

Wie gerupft: Räumboot nach Demontage der Waffen

Wie die Verbrecher von Bord gejagt ...

Die Aufregungen, welche es auf unseren „Flensburger Booten" nach meiner Festnahme gegeben hatte, sind nach und nach abgeklungen. R 414 hat vertretungsweise einen neuen Kommandanten bekommen, einen Leutnant zur See. Mit größtem Eifer sind beide Besatzungen dabei, die Boote gut in Schuß zu bringen. Überall sieht man sie scheuern, pinseln und hämmern. Achtern, im Mannschaftsdeck, richten sie es sich ein, die Jungen. Tüchtige Handwerker gibt es genug unter ihnen. Sogar Holz konnten sie sich besorgen. Damit zimmern sie sich jetzt wohnliche Ecken. Hier für die „Seeleute", dort für die „Heizer". Schließlich wollen sie sich wohlfühlen auf „ihrem Räumboot"! Sie rechnen damit, noch einige Monate an Bord bleiben zu müssen, denn auch ihnen ist zu Ohren gekommen, daß alle Boote im Minenräumdienst eingesetzt werden sollen. Ihre Stimmung ist bestens, und es will fast scheinen, als ob die aufregenden Erlebnisse der letzten Kriegsmonate sowie die dann folgenden „Nachwehen" langsam in Vergessenheit geraten.

Ein herrlicher, klarer, sonnig-warmer Junitag. So kurz vor Mittag. In Höhe der Ochseninseln sieht man in flotter Fahrt einen deutschen Räumbootverband die Flensburger Förde heraufkommen. Erstklassig in Schuß sind diese Minenräumboote der 2. R-Flottille. Und vom Fahren in Kiellinie verstehen sie auch was, denn die Abstände stimmen genau! An Oberdeck wirken sie wie gerupft: Alle dort ursprünglich vorhandenen Geschütze sind inzwischen demontiert worden. Und statt der Reichskriegsflagge wehen die Flagge „Nanny" und der internationale Zahlenwimpel „Acht" am Flaggenmast. Im Handumdrehen erreichen sie Mürwik, machen im Päckchen fest, nicht sehr weit von den dort bereits liegenden anderen Booten ihrer Einheit entfernt. „Mensch", rufen die Besatzungen, „das ist doch unsere Flottille! Ihr werdet sehen: Jetzt wird es nicht mehr lange dauern, bis wir zum Minenräumen eingesetzt werden!"

Aber sie werden sehr bald erfahren müssen, daß alles ganz anders geplant ist. Ein Läufer kommt herüber, meldet dem Leutnant von Moltke: „Befehl von Kapitänleutnant Merks: In zehn Minuten für die gesamte Flottille Musterung auf der Pier!"

Jetzt stehen sie da, im Karree angetreten, die Besatzungen der Räumboote. Allerdings sind die zwei „Meuterer" längst über alle Berge, und ich, der ehemalige Kommandant von R 414, sitze unter britischer Kontrolle hinter „schwedischen Gardinen“.

Mit forschen Schritten erscheint der Flottillenchef, nimmt in althergebrachter Weise die Meldungen der Kommandanten entgegen, während die Blicke der Soldaten auf ihn gerichtet sind. „Lassen Sie rühren“, gibt er jetzt zu verstehen. Alle Anwesenden spüren seine innere Erregung und die bittere Enttäuschung, als er schließlich anhebt: „Niemals hätte ich erwartet, daß wir unter diesen Umständen wieder zusammentreten würden! Sie alle wissen, was vor Kopenhagen passiert ist. Solche Versager und Meuterer haben in unserer Gemeinschaft nichts mehr zu suchen! Ich habe Ihnen bekanntzugeben, daß die gesamte Besatzung R 414 innerhalb einer Stunde das Boot zu verlassen hat. Packen Sie sofort Ihre Sachen und machen Sie sich klar für den Marsch in die Gefangenschaft!“ Und dann weiter: „Treten Sie vor, Leutnant von Moltke! Auch Sie haben, genau wie der Kommandant von 414, kläglich versagt. Nicht einmal den Versuch haben Sie unternommen, die Verräter der verdienten Strafe zuzuführen, und auch sonst war Ihr Verhalten im höchsten Grade unwürdig! Ich enthebe Sie hiermit ab sofort Ihres Kommandos. Oberleutnant zur See Wallrodt wird Ihr Boot übernehmen. Ich lasse Ihnen genau 60 Minuten Zeit für die Übergabe! Das wäre es, was ich Ihnen bekanntzugeben habe“, beendet der Flottillenchef seine Ansprache. Dann verläßt er mit dem Ausdruck der tiefsten Verachtung den Ort des Geschehens, würdigt die Besatzungen keines Blickes mehr.

In Hektik packen die so plötzlich Ausgestoßenen ihre Sachen. „Jetzt sollen die mich mal alle ganz fix am Arsch lecken, diese selbstherrlichen Klugscheißer.“ So platzt es mitten im Gewühl aus dem Schmarting heraus. „Nehmt euch ruhig Konserven und Lebensmittel mit“, sagt der Obermaschinist zu den Leuten. „Wir haben ja schließlich genug Reserven an Bord. Ich sehe nicht ein, daß die Neuen sich den Bauch damit vollschlagen sollen! Hier habt Ihr auch noch etwas Kaffee und Tee von unserer Notration.“

Die Seeleute und Heizer im Achterdeck kochen vor Wut! „Haben wir nicht wirklich alles getan, um unseren Dampfer in Schuß zu bringen, Klaus?“ sagt Müller voller Empörung zu Weber, dem Sani. „Hast Du sie schon da hinten an der Pier stehen sehen, unsere Nachfolger, die Herren mit der schneeweißen Weste? Gleich werden sie hier großkotzig einsteigen und sich in unser warmes Nest setzen!“ „Kommt her, Kameraden! Wer braucht noch Eßbesteck, Tassen und Teller?“ ruft der Smutje. „Schließlich können wir ja nicht mit den Fingern essen, wenn wir nachher irgendwo in einem Gefangenenlager sitzen!“

Im Nu ist die Frist verstrichen. Die Stunde ist um! Jetzt stehen die Leute von R 414 an der Pier. Bepackt mit Seesäcken, Taschen, Köfferchen. Wie die Vertriebenen! An ihnen vorbei stapft die neue Besatzung an Bord. Die meisten davon schauen voller Verachtung auf ihre Vorgänger herab. Offensichtlich sind sie vorher bestens belehrt worden über diesen verlotterten „Meutererdampfer", auf dem sie erst mal Ordnung schaffen sollen. „Haben wir das verdient, daß man uns wie eine Bande von Verbrechern behandelt?" platzt es aus Obermaat Gau heraus. Tränen der Wut stehen in seinen Augen! Auch Leutnant von Moltke, welcher neben ihm steht, ist aufgewühlt. Dieses traurige Schauspiel, in das nun auch er in einer so entwürdigenden Weise einbezogen worden ist, hat ihn zutiefst getroffen! Aber er hat eine klare Meinung über die dramatischen Begebenheiten der jüngsten Vergangenheit: „Ich will Ihnen einmal etwas sagen", stößt er jetzt hervor. „Denken Sie nur nicht, Sie seien schlechter als die anderen! Wer das je zu behaupten wagt, der hat keinen Schimmer! Wir haben – wie jene – mit unseren Booten in Ehren unsere schweren Aufgaben wahrgenommen, bis wir befehlsgemäß die Flagge niederholen mußten. Und dies zur gleichen Zeit wie alle anderen deutschen Kriegs- und Handelsschiffe in dänischen, holländischen und westdeutschen Gewässern – ob in Kopenhagen, Kiel, Flensburg oder sonstwo! Es gibt da nur einen einzigen Unterschied: Für die vielen anderen, die dort lagen, war der Krieg von da an beendet! Also sollen sie hübsch still sein. Und wenn man uns nicht zu diesem Sonderauftrag nach Dänemark befohlen hätte, dann wären auch wir bis zur Gesamtkapitulation vor Hela geblieben, ganz genau so, wie der Rest unserer Flottille. Keiner ist in eine Lage hineingeraten wie wir. Deshalb hat auch niemand das Recht, uns die Ehre abzuschneiden."

Die neue Besatzung von R 414 hat es offensichtlich sehr eilig, vom Ort des Geschehens wegzukommen: Noch während die rausgeworfenen Seeleute in der Nähe versammelt sind und auf weitere Anweisungen warten, werden die Maschinen angelassen. Schwarze Qualmwolken steigen gen Himmel. Man hört das Brummen der Motoren. Alle Leute sind auf ihren Manöverstationen. Der neue Kommandant pfeift von der Brücke aus zum Ablegen. Die Leinen werden losgeworfen. Da es sehr eng ist an dieser Stelle, müssen sie mit ihrem Boot „auf dem Teller drehen". Doch siehe da: es pufft ein paarmal, wieder und immer wieder. Aber die Maschine will und will nicht anspringen! Das hat mit einem Schlage die wehmütige Spannung gelöst, mit der die Ausgestoßenen das Ablegen ihres über fünfmonatigen Zuhauses beobachten! Schadenfreude kommt bei ihnen auf, gemischt mit Galgenhumor. Johlend stehen sie in diesem Moment am Kai. Sie amüsieren sich köstlich und meinen: „Wenn

Hallenstorf den 2. I. 1946

Unser Abgang von Bord war auch nicht gerade schön, denn als die Flottille ankam, mussten wir innerhalb einer Stunde das Boot verlassen. Ich war einerseits ja damit einverstanden. — Aber immerhin sah es so aus, als ob wir eine Verbrecherbande waren und darüber haben wir uns alle sehr geärgert. Die Kameradschaft unter der Besatzung war bis zum Schluss einzig, worüber ich mich sehr gefreut habe, denn mit einigen Ausnahmen hatte ich sie doch alle richtig eingeschätzt.

Würzburg H'feld
9. 1. 46

Mit Schimpf und Schande sind wir dann von Bord gejagt worden. Es war an einem Sonntag Morgen. Die ganze Flottille legte bei uns an. Wir hörten schon etwas munkeln von wegen Aussteigen, aber wir glaubten nicht daran. Und so kam es: Innerhalb von einer halben Stunde mussten wir das Boot verlassen haben.

Zwei Briefe, die den Autor während der Haftzeit erreichten die uns schon so kalt von Bord jagen, dann sollen sie doch selbst sehen, wie sie damit klarkommen!" Die Maschinenleute unter ihnen beherrschen seit damals in Wesermünde einen besonderen Trick, mit dessen Hilfe man diese verflixte Backbord-Maschine zum Leben erwecken kann. „Aber den Dreh habe ich den Neuen nicht verraten", jubelt der Obermaschinist. „Die glauben ja sowieso, alles besser zu können!"

Währenddessen herrscht auf R 412 große Aufregung und Unruhe: Die alte Besatzung verweigert dem gerade eingestiegenen Oberleutnant zur See Wallrodt den Gehorsam! „Wir wollen nur mit Leutnant von Moltke weiterfahren", sagen die Soldaten. „Sonst müßt Ihr die Minen eben ohne uns räumen!" Dem Flottillenchef wird dieser Vorfall gemeldet. Er befiehlt kurz entschlossen: „Das Boot ist sofort nach Glücksburg zu schleppen und dort vor Anker zu legen! Alle Besatzungsangehörigen, die sich dem neuen Kommandanten nicht unterordnen, sind innerhalb von einer Stunde mit dem Schlauchboot an Land zu setzen!" So geschieht es. Mit Ausnahme von einigen wenigen steigen alle in Glücksburg aus und marschieren gemeinsam mit gepacktem Seesack den langen Weg bis nach Flensburg-Mürwik. Dort finden sie abends ihren alten Kommandanten, melden sich bei ihm: „Herr Leutnant, wir möchten uns dafür bedanken, daß Sie uns heil wieder nach Hause gebracht haben! Ohne Sie wollten wir nicht mehr auf dem Boot bleiben!" Ein paar Flaschen Schnaps haben die Ankömmlinge mit von Bord geschmuggelt. Und bevor sie am darauffolgenden Tage in die Gefangenschaft abziehen müssen, wird das Wiedersehen mit „ihrem" Kommandanten gebührend gefeiert!

Die erste Gerichtsverhandlung

Die Zellentür wird geöffnet, mein Name laut aufgerufen. „Sofort mitkommen!" Man führt mich über einen langen Korridor zum Gerichtssaal. Nur wenige Menschen sind darin. Ein paar Uniformierte, ein deutscher Rechtsanwalt, den man mir zugestanden hat. Irgendwo abseits sitzt auch der Oberfähnrich zur See Wettermacher. Die Angehörigen des Militärgerichts betreten den Saal: Lieutenant Colonel Nicol, Major Tapper und Captain Howarth. Sie sagen: „Alle können Platz nehmen." Geben auch mir zu verstehen, daß ich mich setzen kann. Aber ich bleibe stehen. Mehrere

Stunden dauert die Verhandlung. Ich schwanke wie ein Zweig im Winde hin und her, bin recht mitgenommen. Was mich offensichtlich besonders belastet, sind meine impulsiven Äußerungen zum Zeitpunkt der erneuten Inhaftnahme des Oberfähnrichs. Das Gericht zieht sich zur Beratung zurück. „So wie ich die Dinge sehe, kommen wir in diesem Falle nicht mit unserem Strafmaß aus", erklärt Colonel Nicol gleich zu Beginn der richterlichen Erörterungen. „Dieser junge Leutnant hat durch sein Auslaufen ganz eindeutig und massiv gegen die Interessen unserer Militärregierung verstoßen und obendrein jenem Oberfähnrich gegenüber klar zu erkennen gegeben, daß er ihn wegen seiner Zusammenarbeit mit unseren britischen Dienststellen verachtet. Wir müssen verhindern, daß ein derartiges Verhalten unter den Deutschen Schule macht! Deshalb meine ich, wir sollten hier ein deutliches Zeichen setzen – ein Exempel statuieren! Es wird dem jungen Hitzkopf guttun, wenn er erst mal eine kalte Dusche bekommt!" Schnell sind sich die Richter einig. Dann betreten sie erneut den Gerichtssaal und verkünden: „Diese Strafsache wird hiermit zuständigkeitshalber an den General Military Court (Oberes Militärgericht) überwiesen." Das wär's denn wohl erst mal. Man führt mich wieder ab in meine Zelle.

Vom Marsch in die Gefangenschaft bis zur Entlassung

Die von ihrem Schiff heruntergejagten Leute der Räumboote halten bestens zusammen. „Wer weiß, wofür es gut ist, daß es so gekommen ist", sagt Dahlhaus zu Haack. „Während die anderen noch einige Monate oder Jahre herumschippern müssen, läßt man uns jetzt vielleicht schon bald nach Hause gehen und dann können wir uns um eine Arbeitsstelle bemühen. Irgendwie muß der Laden ja schließlich auch nach diesem Wahnsinns-Krieg weiterlaufen. Da werden doch massenhaft Leute gebraucht, die anpacken können! Und das können wir doch, Erwin!" „Ja, mein Lieber, ich denke, daß du recht hast. Und wenn ich ehrlich sein soll, dann freue ich mich jetzt ganz doll auf meine Marianne und die kleinen Buttjes. Weißt Du, das beste ist, wenn wir dieses Kapitulationstheater vergessen und im Heute leben, Julius. Ich denke, da haben wir schon genug um die Ohren!" Auf Weisung der Engländer marschieren sie mit ihren Klamotten durch Schleswig-Holstein, mitten im Sommer des Jahres 1945. Überall englische Militärkolonnen, Flüchtlinge und mitunter auch freigelassene Polen, die während des Krieges hierher deportiert worden waren und für die Deutschen arbeiten mußten. Unterwegs kampieren die Räumbootkameraden irgendwo bei den Bauern. Helfen dort auch mal ein wenig und kriegen etwas zu essen dafür. Nach einigen gemeinsamen Marschtagen landen sie schließlich in einem riesigen Auffanglager im Raume Eiderstedt und Dithmarschen. Dort werden sie noch ein paar Wochen hausen müssen, bis sie – einer nach dem anderen – in ihre Heimatstädte und -dörfer entlassen werden. Von da an verlieren sie sich für viele Jahre aus den Augen. Jedenfalls die meisten von ihnen. Und das Leben geht weiter.

Das Urteil des „General Military Court“

10. Juli 1945:

Wieder werde ich aus meiner Gefängniszelle herausgeholt und zum Gerichtssaal geführt. Alles geht sehr schnell, nachdem ich den fast leeren Raum betreten habe. Die Militärrichter des Oberen Gerichtes erscheinen. Man erhebt sich von den Plätzen, und ohne weitere Umschweife verkünden sie das Urteil: „Five years imprisonment“ – Fünf Jahre Gefängnis! Das wär's denn. Keine neue Vernehmung, keine Plädoyers. Meine Mithäftlinge – auch Offiziere – haben schon mitleidig-neugierig auf mich gewartet. Wollen mich beglückwünschen zum erwarteten Freispruch. Als sie hören, was dabei herausgekommen ist, fallen sie aus allen Wolken.

„Mein lieber Mann“, sagt Oberleutnant Weinert, „die hauen ja ganz schön auf den Putz. Da können wir anderen uns wohl auch auf einiges gefaßt machen.“